中塗り・たるまき
荒壁が乾いたらさらに土を塗り重ねる。縄をぐるぐると巻きつけ（たるまき）、さらに塗り重ねる

漆喰仕上げ
漆喰で壁表面を仕上げる

絵でつづる

塗り壁が生まれた風景

左官仕事のフォークロア

小林澄夫 文
村尾かずこ 絵

農文協

左官の塗り壁は文化である

　塗り壁を語ることは忘れ去られようとしている左官について語ることになる。

　塗り壁は左官の手で塗られた湿式の壁のことをいう。建築の職人である左官は、水で捏ねた材料を鏝で塗って仕上げていく。木舞を搔いて泥を塗り、その上に漆喰で仕上げていく。建築の仕事の中で最後まで機械化されることなく残った手仕事の職人が左官だといえる。戦後社会の近代化と工業化の中で左官の仕事は切り捨てられ、その名前すら忘れ去られようとしている。それゆえにいま塗り壁を語ることは、過密と過疎、情報や物の都市集中の21世紀にあって、私たちが捨てて来た古き良き物の一ツを語ることになる。

　左官の歴史は古く、大陸からの仏教伝来より始まるが、その左官塗り壁の1500年余の歴史には三つのエポックがあった。いわば、左官が時代の風景をつくり、塗り壁が時代の風景となったそうした時代が三度あった。

　その一度目は、飛鳥奈良時代の仏教伝来とともに始まった寺院建築の塗り壁である。法隆寺の本堂、五重塔に塗られた白い漆喰の壁、内部の壁画の下地に塗られた木舞泥壁の上を平らに塗った白土や漆喰の白壁、そして総国分寺として建てられた東大寺の仏殿、全国に建てられた国分寺の塗り壁……。それらの寺院の漆喰の白壁が草に埋もれた山野に新しい風景を生み出した。

　二度目は、戦国時代の終わりの安土桃山時代に茶の千利休が創建した草庵茶室に、いままで経師や漆喰仕上げの下地塗りでしかなかった土壁を表面の仕上げとして、つまり土の壁が美的な鑑賞の対象として意識されることになった。

3

それより塗り壁は京壁として茶室や書院の仕上げに、ステイタスシンボルとして広まっていった。また、民家の座敷壁の仕上げとして京壁が流行するのに並んで漆喰白壁がお城や土蔵の仕上げとして普及、街並の風景を一変した。

　三度目は、江戸末の開港、明治の開国とともに始まった新しい洋風建築にいままで左官が熟練させて来た土蔵造りや町屋の塗りごめの大壁塗りの技術が活かされて、建築近代化へのスムースな移行におおいに貢献したことである。

　また、木摺漆喰の応用による建築の内部空間（大壁）の左官仕上げや、ヨーロッパから入ってきたセメントのレンガ造やコンクリート造建築外壁のモルタル仕上げが、関東大震災後の木造防火建築のラスモルタル塗りの普及へとつながり、その人造石塗りの掻き落しや洗い出しといった技法が都市建築の外壁の化粧として街並の景観を形成し、さらに看板建築の仕上げ等にも左官はみずからのデザインセンスを自由に表現するまでになった。

　左官が歴史の中に登場し、塗り壁が街の風景を生み出した時代は、1945年の日本の敗戦を境に終わったといってよい。戦後の日本経済の高度成長の中でアメリカ式の住宅工法の乾式化（プレハブ化）、建築の工業化にともなう工法の効率化と規格化の中で、手まひまをかけて塗り上げていく塗り壁の良質の部分は切り捨てられ、住宅からもビル建築からも左官は消えていった。

　私は、そんな東京オリンピック以後の高度経済成長期に左官の業界誌の編集者として40年近く変容する左官の仕事を見てきて、なにかこれは違うのではないかという思いで、左官の職人仕事のほんらいのありようや、塗り壁の原初の光景を残しておきたいと思い、取材のかたわら地方に残るそれらの面影を探し、11年余に渡って「塗り壁の考古学」として、

すまいづくりのフォークロアというか、この忘れさられようとしている左官に関わる土俗的な技術や素材について絵と文で取り上げてきた。

塗り壁の素材は、草木虫魚等の有機物にあれ、土石のような無機物にあれ、それらの生まれた場所の記憶を、あるいは存在した場所の自然の風景を宿していて、それが壁となってからも景色としてあらわれる。

海のものは海の、山のものは山の、野のものは野の記憶がそれらの素材に宿っていて、時がたつにつれてそれが壁や土蔵などの景色となってあらわれてくる。

山のもの、海のもの、野のものを集めそれらの自然の素材から生まれた塗り壁は文化である。やがて消えていくという左官の塗り壁は文化である。自然の風景の中にあった素材から生まれ、過ぎ去る時とともによろこばしい景色となって人と人をつなぎ、人と自然を結ぶ塗り壁は文化である。左官は壁を文化にする。

ここに、世紀も変わり、21世紀となって農山漁村の過疎化で昔の村も消え、過密化した都市でますます人が土から離れ、水からも離れてしまったいま、「塗り壁の考古学」を新たに「塗り壁が生まれた風景」として出版することで、読者の皆さまに、塗り壁の手仕事の工業デザインには代え難い美を愛し、自然素材と身体的エネルギーを主体としたエコロジカルな左官塗り壁の良さをもう一度見直していただければ幸いである。

2018年6月　　　　　　　　　　　　　　　　　　　　　　小林澄夫

目次

左官の塗り壁は文化である　3
本書案内　8

I　山のもの（山、川、谷）

津久見の三和（さんわ）　大分　10
三河の三州たたき　愛知　12
当麻寺のパラリ壁　奈良　14
八ヶ岳のせいろ蔵　山梨　16
伊那の蒸籠蔵（せいろぐら）　長野　18
長崎の天川漆喰（あまかわ）　長崎　20
伊勢赤福の赤べっつい　三重　22
浄瑠璃寺門前の石焼芋のかまど　奈良　24
土佐の窯底灰（かまぞばい）の家　高知　26
八王子の炭やきガマ　東京　28
讃岐香川町のどろこん屋さん　香川　30
近江の江州白と大津磨き　滋賀　32
防府の浮き物壁　山口　34
青梅のママットクズレ　東京　36
益子の製土工場　水簸（すいひ）の槽　栃木　38
播州三木の地金の鏝、製作工程　兵庫　40
●石灰と漆喰について　42

II　野のもの（田、畑、里山）

讃岐の砂糖しめ小屋　香川　44
遠州掛川の葛壁（くずかべ）　静岡　46
伊予の蜜柑小屋　愛媛　48
安芸の灰屋　広島　50
吉備の泥の葡萄温室　岡山　52
吉備高原の赤土の里村　岡山　54
益子の煙草の乾燥小屋　栃木　56
いわき遠野のコンニャクむろ　福島　58
小豆島の猪垣（ししがき）　香川　60
筑紫の博多塀　福岡　62
宇土（うと）のガンゼキ　熊本　64
奈良　春日大社　若宮おん祭　お旅所仮御
　殿の漆喰鱗紋　奈良　66
備前焼の里　伊部（いんべ）の土塀　岡山　68
長崎外海（そとめ）のド・ロ壁　長崎　70
八丈島の黄八丈、泥染の谷　東京　72
一戸の縄文の竪穴住居　岩手　74
葛生（くずう）の麻苆（すさ）　栃木　76
相模　伊勢原善波村の女竹　神奈川　78
信州佐久平のヨシ木舞　長野　80
秋田の土瀝青（どれきせい）（天然アスファルト）の
　アブラカケ　秋田　82
瀬戸内の杉の焼板　瀬戸内　84
●荒壁土づくり・中塗り土づくり　86

III 海のもの（浜、渚、磯）

　周防の松葉焼貝灰　山口　88
　柳河の貝灰泥煉瓦　福岡　90
　伊良湖岬灯台の白壁　愛知　92
　佐田岬の船倉と石垣　愛媛　94
　常滑の蓑壁　愛知　96
　沖縄のムーチー　沖縄　98
　知覧松ヶ浦のサンゴ灰①　鹿児島　100
　知覧のサンゴ灰②　鹿児島　102
　直島の土器製塩の炉と貝灰タタキ
　　香川　104
　房州大原岩船の浦のオオバツノマタ
　　千葉　106
　真壁土蔵学校での本漆喰づくり
　　茨城　108
　●塗り壁材の原料になる貝殻やサンゴ
　　110

IV 海外編

　アジャンター石窟の壁画　インド　112
　チベットの敲きと白壁、赤壁
　　チベット　114
　グルノーブルの泥の学校　フランス　116
　古代ローマの石灰消化池　イタリア　118
　北イタリア　ドロミティアルプスのカン
　　ツォイ谷と石灰焼の村　イタリア　120
　ネイティブアメリカンのパン焼きカマド
　　アメリカ　122
　プエブロ・ラグナの成長する教会
　　アメリカ　124
　ペルーの日干し煉瓦の家　ペルー　126
　ペルーの泥のレリーフ　ペルー　128
　済州島の草家の石壁　韓国　130

用語解説　132
あとがき　134
著者略歴・奥付　136

7

本書案内

・本書は、月刊誌『左官教室』（黒潮社刊）の1995年4月号から2005年7月号まで番外編（海外事例など）も含めて60回、11年余にわたって連載された図解記事「塗り壁の考古学 塗り壁文化発掘」から58回分を選び、構成したものです。

・連載は、各地にあった泥壁や塗り壁の原初の姿やその技術、素材を取り上げ、それぞれの魅力を紹介してきたものですが、本書を編むにあたっては構成を、塗り壁や土蔵などの素材を「山のもの」「野のもの」「海のもの」としておおざっぱに採れる場所で分け（下表）、それ以外の海外編はまとめて別の章としました。

・明らかな誤字脱字と仮名づかいを改めるとともに、内容についても一部を見直しました。また、紹介されている人物、年齢、その所属組織などは表記『左官教室』掲載初出時のものであることをお断りします。

・巻末には本書で用いられる左官仕事などに関連する用語について解説しています。

左官仕事の素材生態分類表

	生態	種別	素材
山のもの	山	石	石灰（固形物）
		砂利	骨材・表現（人造もの）
	川	砂	骨材・表現（色砂・砂壁）
		土	主材（固結材） 荒壁・中塗り・表現（色土）
	谷	鉱物	顔料（ベンガラ・朱・その他）
野のもの	田	稲藁	苆（土壁）・貫伏せ（ヒビ割れ防止）
		麻	漆喰の苆・トンボ・のれん
		棕櫚	木舞縄
	畑	ワラビ	木舞縄・糊
		葛	繊維壁
		コウゾ・ミツマタ	和紙（紙苆、角貼り）
	里山	にかわ	糊
		ナタネ	混和防水
		松根	松煙（黒）
		まゆ	絹（繊維壁）
海のもの	浜	貝殻	貝灰
		真珠貝 夜光貝 アワビ	装飾（象嵌）
	渚	ツノマタ フノリ	糊料（京壁糊捏ね、漆喰）
	磯	サンゴ（菊面石）	貝灰（サンゴ灰・ムチ）

『塗り壁の良さは、左官の仕事がアバウト（大雑把）で、ノープロブレム（成り行きまかせ）で、ランダム（バラツキ）にあるものであることになる。
　また、塗る壁はいくつもの素材の複合体であり、これらの塗り壁を構成する自然の素材のバラツキによって、塗り壁は壁という機能を超えたなにか「ヨロコバシキもの」をわれわれに恵んでくれる。』

I 山のもの（山、川、谷）

日干し煉瓦を積んだ小屋（奈良近辺の道）

津久見の三和

三河の三州たたき

岡崎から豊橋にかけての野や山には、珪酸質にとむ風化花崗岩の砂利土がひろがっている。この砂利土を三河地方ではサバ土と呼ぶ。色によって赤サバ、黄サバ、白サバ、と呼びわけられている。このサバ土に生石灰を混ぜ、土間をたたきしめたのが三州たたきである。この三州たたきは、土間のほか、井戸側や柱の基礎、ヘッツイ、肥だめ、などに使われた。　　　　　（山本恵仁さん談）

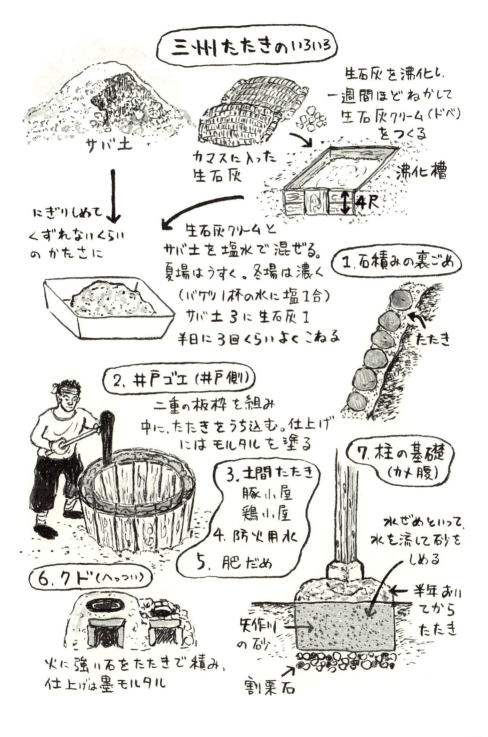

当麻寺のパラリ壁

奈良の葛城の山すそに当麻寺がある。当麻寺の門前に茶懐石を食わせる茶店があって、その庭のある茶店の壁にいいパラリが塗ってある。その茶店の主人がいうには戦後まだ物のない時代に建てた家で土中塗りのままではと、色あげ程度に白く漆喰を塗っておいてもらったのだという。

パラリ壁は、昔し漆喰が生石灰のまま俵やカマスに入れられていた時代の安もの仕上げで、俵に入った天然灰(自然消化)をふるわずに未消化(未焼化)石灰の粒が入ったまま糊で捏ねたノロで中塗土の上に仕上げたもの。仕上げの表面にパラパラと浮いた未消化の石灰の粒の表情に味がある。いわば出来事としての塗り壁の表現である。

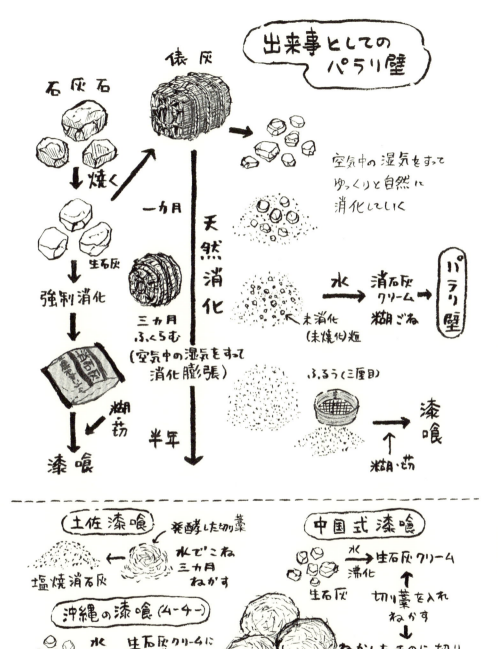

八ヶ岳のせいろ蔵

　八ヶ岳の周辺には、不思議な土蔵がある。いっけんふつうの土蔵とかわらないが荒壁の落ちたところをみると泥の下は竹木舞ではなく厚い板があらわれ、その板には竹クギがばらばらと打ってある。地元でせいろ蔵というこの土蔵は、校倉のように厚い板をあいがきにして米を蒸すせいろのように組み上げたもので、その板倉の全面に竹クギを打ち、千鳥に縄を掛け泥でくるむことで、保温性を高めるとともに火除けとした。水田の民の校倉が火田（焼き畑）の民と出会い生み出された出来事としての建築である。

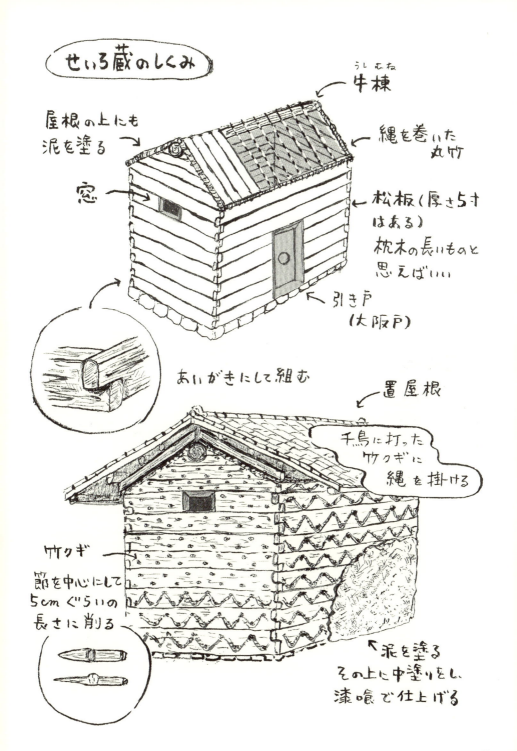

伊那の蒸籠蔵(せいろぐら)

　伊那の土蔵には、二ツの造り方がある。木舞土蔵と板蔵である。板蔵のことを地元では蒸籠蔵という。この蒸籠蔵にも二ツの形があって、小さな蔵は厚板を校倉のように相欠きして積んだ板に泥を塗ったもので、大きな蔵は柱の間に厚板を落とし込んだ板の上に泥を塗ったものである。

　伊那では、お茶うけにおいしいツケモノが出る「ツケモノ文化」がいまでも残っているが、このツケモノをつけたり保存する味噌蔵が土蔵にはついている。この「ツケモノ文化」が土蔵を守ってきたのだろう。

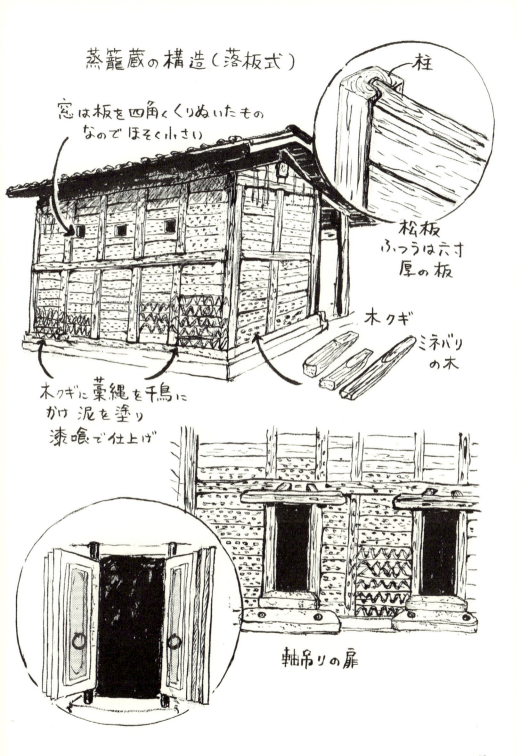

長崎の天川漆喰

　長崎は、鎖国した江戸時代の日本の朝鮮、中国、ヨーロッパの唯一の窓口であった。オランダ船や中国船によって様々な文化が入って来た。カステラ、パン、ぶどう酒、ギヤマン……そんな中にヨーロッパ風の漆喰がある。地元長崎では天川漆喰という。南蛮漆喰の一ツといってよい。おそらくヨーロッパからやって来たバテレンが教会を建てる時、伝えたものであろう。ヨーロッパの砂と石灰だけの漆喰に、地元天川で採れる赤土混じりの風化花崗岩の砂と貝灰を混ぜて塗ったもの。天川（あまかわ）漆喰の名前は、この天川で採れる赤土（風化花崗岩の赤土混じりの砂）を混ぜて塗った漆喰から始まったと思われる。北九州（福岡、佐賀、長崎）は赤土が多い。地元の赤土と粘土と貝灰（石灰）と砂の三和が天川の名で長崎地方に伝えられたもの。ヨーロッパの漆喰と日本の漆喰の幸福な出会いによって生まれたものといえる。

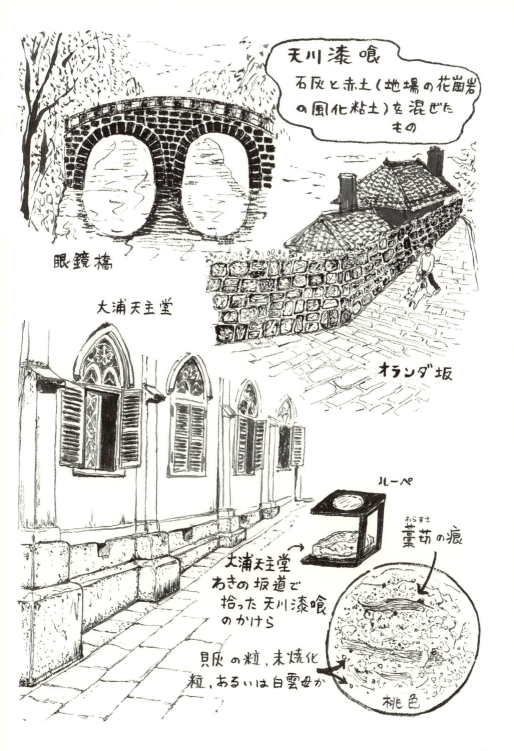

伊勢赤福の赤べっつい

　伊勢の名物に赤福もちがある。お伊勢まいりのおみやげといえばこの赤福もちの折づめである。伊勢神宮の内宮にある赤福もち本店には、大津磨きの赤べっついがあっていまでも薪をくべお茶をわかしている。

　20年ごとの式年遷宮で建て替えられる伊勢神宮もエライが、創店以来三百年にわたって毎年年の瀬に塗り替えられて来たこの赤べっついもエライといえばエライ。なにがエライといえばまず形がいい。七五三といったふうに大中小の丸いへっついがくっついていてほほえましいのである。それから色がいい。ベンガラを差した磨きの赤色が黄みをおびてつややかで品がいいのである。

　生き続けて来たものの中に「われは漂えども沈まず」といった職人の文化のありようをみることができる。

22　Ⅰ　山のもの

浄瑠璃寺門前の石焼芋のかまど

浄瑠璃寺の門前に参詣者相手の小さな茶店があって店前に石焼芋のかまどがある。
石焼芋を売っている茶店の老婆のいうには死んだつれあいがじぶんで築いたものだという。

もともと奈良では民家のかまどはじぶん達の手で地場の荒壁用の山土と瓦で築いたという。
つくり方は藁苆と適当に砂を入れた壁土をこね、ネコ（泥だんご）をつくり、かまどをつく基礎を山土でたたきしめ、その上にかまどの平面のあたりを書いてそのあたりにそって本葺瓦の平瓦をコバだてしネコで裏打ちしながら馬乗りに瓦を積みあげていく。瓦で高さを取りネコで形をととのえ二、三日でしまってから荒壁土を塗って清書（仕上げ）する。
この石焼芋のかまどは煙突があって保温用のそでがまがつく改良型のかまどである。

24　Ⅰ　山のもの

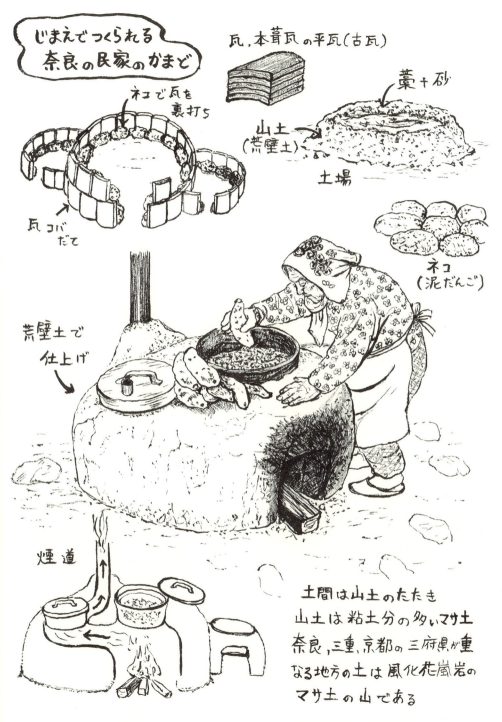

土佐の窯底灰の家

土佐の石灰は江戸時代から「のぼせ灰」といわれ大阪に船積みされていた。この土佐灰の産地である南国市稲生ではいまでも石灰を焼いている。まだ石灰工場が近代化する以前、石灰石の山の斜面に土中窯を築いて焼いていた時代、窯底灰といって焼け損じのクズ灰を窯場の近くの人々はわけてもらい、民家の荒壁や垣根の石垣積みに使っていた。この窯底灰はクズ灰といっても生石灰で、土に穴を掘り水をそそいで消化したものに切り藁を入れ荒壁を塗ったものである。この窯底灰は泥よりも丈夫なものである。土佐灰の産地の稲生にはいまでも窯底灰を塗った壁の家が残り、その白色はやわらかい。この窯底灰に泥をまぜ石灰石を積んだ石垣に囲まれた民家の庭の風情は格別である。

石灰会社の社宅

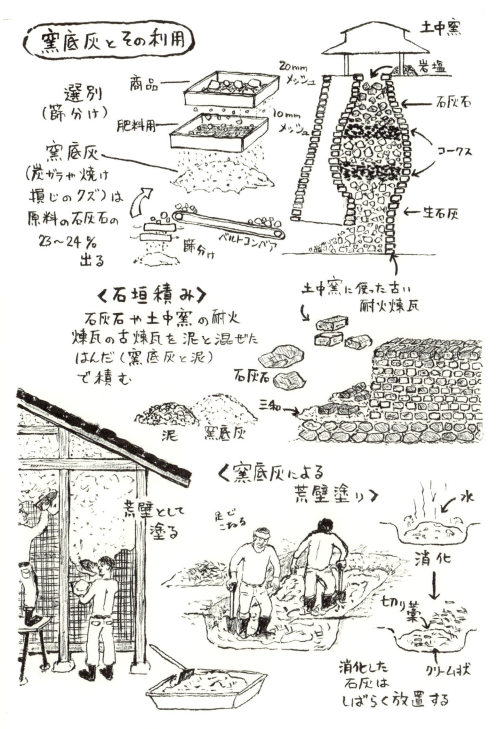

八王子の炭やきガマ

　東京八王子の高尾山の裏山では江戸時代から炭がやかれていた。炭やきの原木はクヌギやコナラの雑木で、この原木から品質のよい白炭（硬炭）がやかれていた。白炭をやく炭やきガマは窯内を1000℃位の高温に加熱するため耐火性の岩や石と粘土で構築する。この粘土は地元の人達が「岩ぐれ土」といって山の断層から出る茶褐色の石のかたまりのような粘土で、この粘土を生木の枝を削ったタタキ棒でたたきしめてカマを築いていく。世界で白炭をやいているのは東アジアで中国の古代文明が開花した地域だけという。白炭は高温で均一に炭化しているため、硬度があり比重も大きく熱を一定期間持続する。この高品質の白炭がこの八王子でやかれたのは高温に耐えられる「岩ぐれ土」が近くで採れ、白炭ガマが容易に作れたためもあろう。

　この岩ぐれ土が採れる場所を「縄切れ」といい、巨人伝説のダイダラボッチにちなむ地名という。

Ⅰ　山のもの

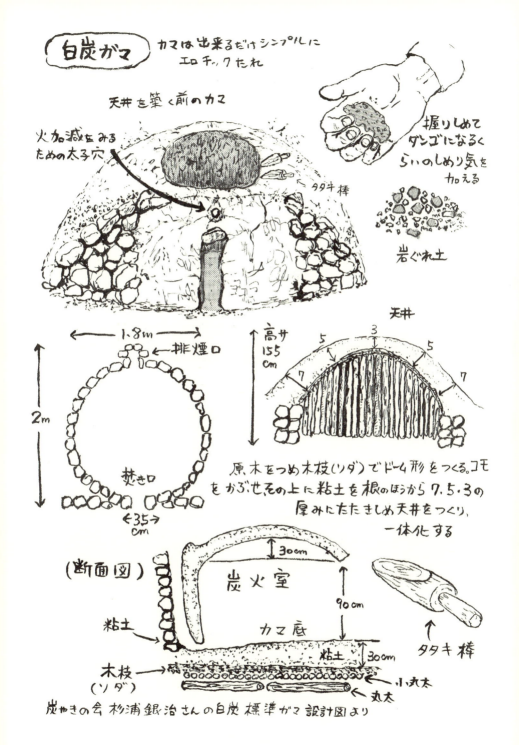

讃岐香川町のどろこん屋さん

倉庫の中には藁が山と積まれている。スズメとネズミがこまりもの

作業は機械化されている

練った泥のプール

どろこん屋は荒壁用の土を練り、その荒壁土を現場に運ぶという仕事だ。土は山の田や畑などに整地するところから表面のいい土（表土（ひょうど））を採ってくる。表土より下は砂利も多くねばり気もなく壁には向かない。藁は4cmぐらいに切り「壁がわれん程度に混ぜる」そうだ。

藁は注文があってから使う2,3日前に混ぜる。夏場は腐りやすいのであまり長く置かない。木舞は木舞屋さんが掻く。どろこん屋の仕事は現場に土を運び込むまで、荒壁をつけるところから左官屋の仕事がはじまる。

Ⅰ 山のもの

荒壁塗りの作業

荒壁塗りのときは才取り棒を使って材料をわたす

才取り棒→ 左官屋さんの手作り

2m〜2m30cmぐらい

荒壁の表を塗った後、その裏側を塗る作業をうらがえしという。うらがえしは表が乾く前に塗るところもあればここ香川町でみた新築ではよく乾かしてからうらがえしをするそうである。中の木舞をよく乾かしたほうがいいということらしい。前者の場合は、表と裏の土が、ぬれていたほうがつきやすいという意味がある。土の作業は所それぞれ人それぞれである。

←荒壁の裏側

貫伏せのことをここでは「かすがい」とよんでいた

↓貫伏せ

31

近江の江州白と大津磨き

　大津壁の名のおこりはさだかではないが、近江（滋賀県）は信楽焼で知られるように良質の粘土が採れる。特に大津の磨き壁にはなくてならないといわれた江州白（白土）が琵琶湖の南竜王町で採れた。ここで採れる良質の白粘土が大津の港を経由して京都に入り、大津壁の名の由来になったと考えられる。一説には、大津の石山寺の白壁に塗られたのが始まりともいわれる。

　大津壁は色土の種類で、白大津、黄大津、浅葱大津、それに顔料を使用した赤大津（ベンガラ）、黒大津（松煙）がある。それぞれノロを掛けて磨いたのが磨き大津である。

　大津壁の始まりは、雨に弱い土壁を保護するためにそれぞれの土地で中塗り土に石灰を入れて塗る「ニブ」とか「ヨドヤ」とか「灰中塗り」というもので水まわりや廊下壁など、それをさらにかたく仕上げているうちに大津の磨き壁が出来上がったのだろう。古代ローマでも、石灰磨きは台所まわりや湿気の多い地下室から始まったといわれる。たぶん白の大津壁はまだ石灰が高価な時代、白壁仕上げに漆喰のかわりに塗られたのだろうか。白大津には石灰の白にないあたたかい上品なものがあり、白の大津磨き壁の艶は何ものにもかえがたい。

32　Ⅰ　山のもの

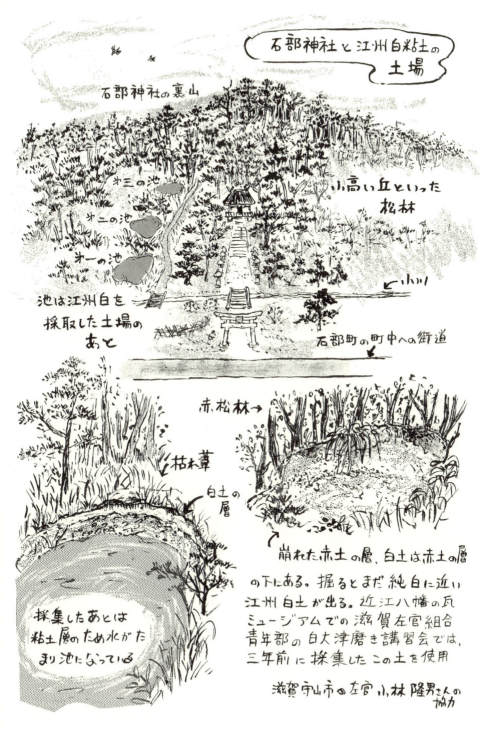

防府の浮き物壁

山口の防府地方には浮き物といって色粘土の粒をそのまま塗った砂壁風の仕上げがあって、床の間など見せ場の壁に高級な仕上げとして塗られていた。

浮き物は、浅葱や黄土等、見栄えのする地場の色土の堅いかたまりをウスでついて粒子をそろえたものに、ふのりやワラビのりで混ぜ浮き鏝という薄手の波消しのようなはがねの鏝で撫でて仕上げたもの。

京都の聚楽のように洗練されてはいないが色土の粒そのままの無垢の色がバラッとあらわれて素朴な見あきのしない壁になる。

この浮き物壁には変わった色土さがしや鉄板の上で焼いて赤味を出すなど、その職人の秘伝の壁でもあった。（河田 繁行さん談）

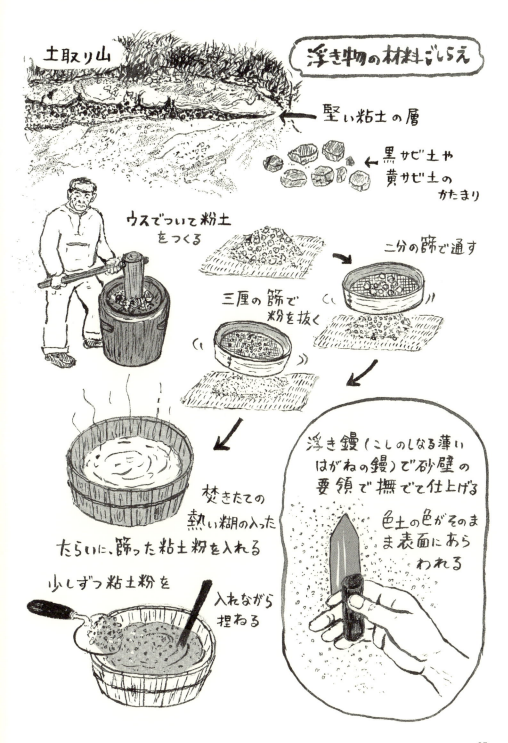

青梅のママットクズレ

　カンボジアでは蟻塚の土を日干し煉瓦や壁土に使用するという。蟻塚の土は水に強くよくこなれていて使いやすいのだという。
　戦後石膏ボードや石膏プラスターが登場するまでは、木造住宅の壁はすべて木舞土壁で、それぞれの土地で手に入る土を壁に塗った。東京の青梅では「ママットクズレ」といって、山をけずった斜面の山土が冬場の霜柱で自然に崩れ落ち道のわきに溜った土を壁土に塗っていた。この土はカンボジアの蟻塚の土と同じで、霜柱で自然に水簸され、こなれたもので、壁土にはもってこいであったという。
　春先の暖かくなる荒壁づけの時期、このママットクズレが大量に出来ていて、それを採取すればよかったわけである。

益子の製土工場　水簸(すいひ)の槽

　栃木県の益子は、古くからの陶芸の産地である。坂下原土の川田さんは代々、益子で陶芸用の粘土を採っている。採掘場は白っぽい土や黄色っぽい土の地層が見える。
　益子の陶土の層は、およそ百万年前に堆積したもの。粘土が出来るのにかかる膨大な時間におどろいた。そして土の性質はその土地の生い立ちによって変わるらしい。
　陶芸に適した粘土は、形が作りやすい粘り気と、乾燥させたときにあまり縮まず、割れないこと。そして火に強いこと。粘土そのものの質が重要である。
　採掘場のそばの工場には、原土から純粋な粘土を取り出す水簸の槽がある。水と原土を混ぜると、比重の重い石や砂は沈み、粘土はしばらく沈まない。これを槽を移してくり返すと純粋な粘土だけが残る。水の力を利用したシンプルな水簸の槽は、工場というよりも泥水の時計のようにみえた。

I　山のもの

39

播州三木の地金の鏝、製作工程

　金物の町で全国的に知られる播州三木で、全国の鏝の約90％がつくられているという。
　左官の鏝は、基本的には塗り付け用の鏝と仕上げ用の鏝の二ッであるといってよい。仕上げ用の鏝は壁の仕上げの種類がふえるとともにそれぞれの仕上げにあった専用の鏝が生まれ、新しい鏝が新しい仕上げを生み出すといった歴史をたどって来た。
　土蔵の仕上げ用の鏝はその役物に合わせて百近くの種類の鏝があるし数寄屋、茶室の水ごねの鏝などは、すきざみで大きさの違う鏝がずらっとならぶほどである。
　鏝の種類の多さは、仕上げの繊細さと洗練をうながし、反面仕事の内容の固定化による自由と創造性の喪失をも意味する。そうした鏝と違って、塗り付け用の地金の鏝は昔から同じである。塗り付けの材料によくなじみやわらかくねばりのあるものであればよい。鏝は手の延長であるという。
　道具の本質を実現しているのが地金の鏝である。

鍛造

機械ハンマー
炉

協力
梶原鏝製作所
梶原薫さん

Ⅰ　山のもの

地金(じがね)の鏝、製作工程

① 素材（鉄）
たたみ一畳ほどの大きさの原料を鏝の大きさに切る

↑原料の厚さは、地金の鏝の場合、3.2mm〜5mmのものを使う

② 鍛造(たんぞう)
炉で素材を熱し機械ハンマー（昔は大づち）で打つ

③ 荒なおし
冷間で打つ

④ 整形（1）
余分なところを切り落とし鏝の形をととのえる

⑤ 整形（2）（ひずみとり）

きりづちで鏝の表をたたき、ゆがみをとる（ひずみとり）

（三木では鏝の使う面を裏、使わない面を表という）

⑥ 穴明け
塩首を付ける穴をあける

穴は裏面の方にすりばちがたになっている

⑨ 仕上げ
かしめ留めの後ペーパーで研磨、ひずみとり、錆止め、塗り、などをし、木の柄を付け仕上げる

※実際はもっと作業工程数が多い

星形にみえるかしめの裏面は、三木の鏝の特徴

⑦ 首づくり
親指大の鉄の素材を加熱鍛造し、首をつくる。できあがった首を研磨加工

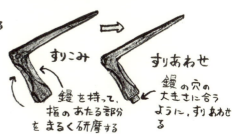

すりこみ / すりあわせ

鏝を持って、指のあたる部分をまるく研磨する

鏝の穴の大きさに合うように、すりあわせる

⑧ かしめ留め
鏝の穴に首を差し込んで首の先端部分を、首とコテ穴がピタッと密着するまでたたく。かしめ部分はいくらか盛り上がった状態なので研磨する

●石灰と漆喰について

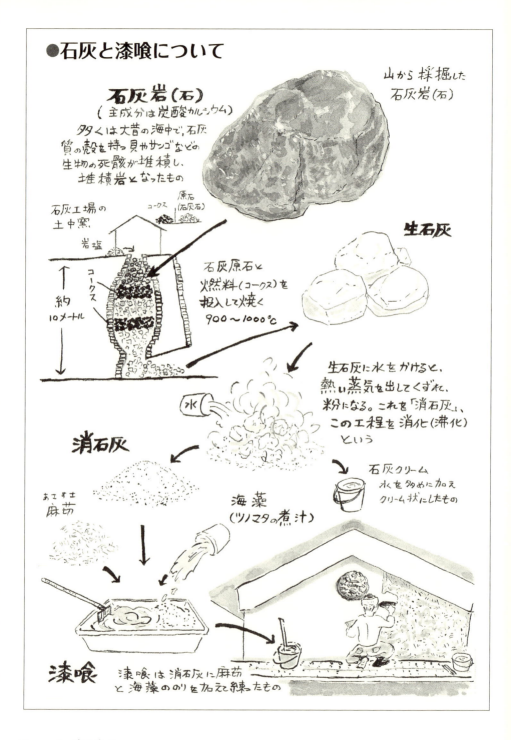

II 野のもの（田、畑、里山）

田んぼの中の灰屋（丹波篠山）

讃岐の砂糖しめ小屋

かつて、讃岐平野には、砂糖きび畑がひろがり、初夏には、青々としげる砂糖きびの葉の海の中に砂糖しめ小屋の丸い茅葺きの泥小屋が点点としていた。それは、砂糖きびづくりの農民が、みずからつくったものである。まだ《もやい》や《ゆい》といった村や集落の単位で無償の相互扶助の労働がおこなわれていたころのことである。

丸い形は、砂糖きびしぼりのウスを牛がまわりながら挽いたため

遠州掛川の葛壁(くずかべ)

葛壁は、葛布の原料である葛の蔓の繊維から採った葛苧(クズオ)の葛布に織れないクズ糸を4〜5mmに切ったものを、コンニャク糊で練り合わせ、塗った壁である。

葛壁は、東海道の宿場町として栄えた掛川の名産品である葛布の副産物として、掛川地方で昭和30年頃まで料亭や民家の座敷の壁に塗られたが、葛布と運命をともにして消えていった。上品なつやのある葛糸を藍や紅花で染めた葛壁は、いまは昔の塗り壁の愉楽である。

(加納由郎さん談)

伊予の蜜柑小屋

　伊予柑や温州蜜柑の産地である愛媛には、蜜柑山に蜜柑を貯蔵する蜜柑小屋がある。簡易な土蔵づくりで土中塗りの上にヨドヤといわれる壁が塗られている。
ヨドヤは地場の荒壁土に肥料用の生石灰を2〜3割混ぜたもので、土壁の補強になっている。
　蜜柑小屋の小屋組みは大工の手でおこなわれるが、壁、天井はすべて蜜柑農家の手でおこなわれた。農協の保冷倉庫が出来る昭和30年代まではつくられたという。

（砥部の蜜柑づくり農家談）

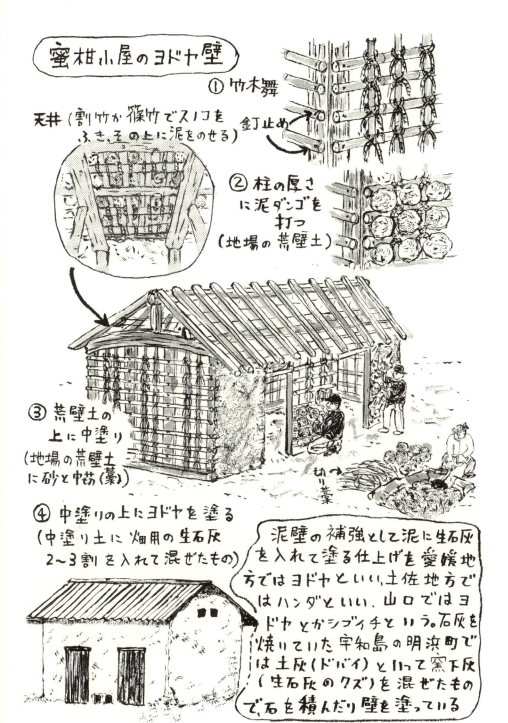

安芸の灰屋

　広島から、芸備線を三次にゆく車窓から山峡の田んぼをみていると、泥石積みに赤い瓦屋根の不思議な小屋が眼にとまる。安芸地方で灰屋(はいや)というこの小屋は、まだ化学肥料が普及していない昭和30年代まで藁灰や堆肥をつくるのに農民の手でつくられたものだという。

　畑や田んぼを開墾したときに出た石と地場の荒壁土を積みあげた厚い壁に古材で小屋組みし、吹きぬけの屋根をのせただけのシンプルでその場にある素材で成りゆきにまかせてつくられたといったふうのおおらかな建築である。

Ⅱ　野のもの

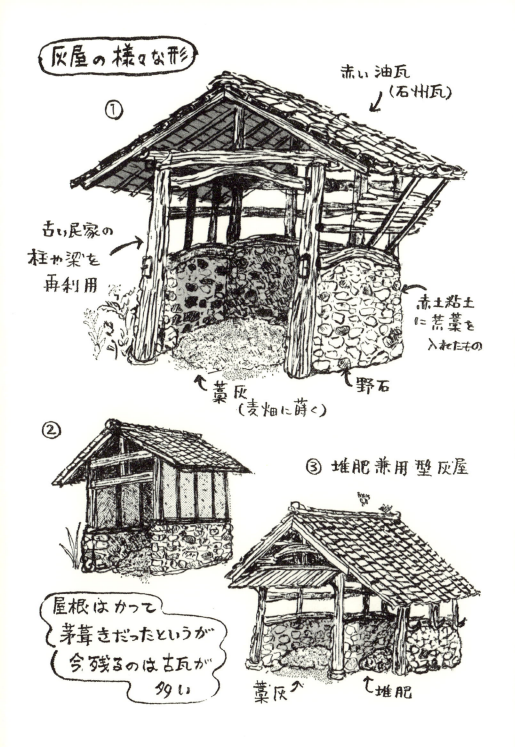

吉備の泥の葡萄温室

マスカット オブ アレキサンドリア。この葡萄の王様といわれる欧州種の葡萄を日本で初めて結実させたのは岡山の農民であった。それは、版築風の泥と石を使った壁に硝子の屋根を乗せた硝子室で栽培された。地元の人はそれを原始温室という。この原始温室から始まった泥壁の温室が明治19年に考案されてから100年余の現在まで改良されながらつかわれている。この葡萄温室の泥壁が欧州種のマスカット オブ アレキサンドリアを気候風土のちがう日本に根づかせたといってよい。

吉備高原の赤土の里村

　美しい風景の土地には おいしい食物がある。そんな思いを深くする赤土の村。吉備高原の東のはずれ、岡山県加賀郡円城はみわたすかぎりの赤土の畑である。その村の赤土の畑で採れた野菜はおいしい。とくに白菜は「円城白菜」としてその名が知られる。

　この赤土には粘土分があって、まだ道路が舗装されていない頃にはいったんぬかるんだら歩けないほどだったという。この村では、この赤土をそのまま荒壁に塗る。いまでも葉煙草の乾燥小屋があちこちに残っていて、その赤土の壁は白菜畑のすみにたてられた藁ぐろの蟻塚に似た黒い影のかたまりとともに、なだらかな丘のつづく村の風景を美しいものにしている。

益子の煙草の乾燥小屋

　煙草の葉には三ツの種類がある。在来種、黄色種、バーレー種である。在来種は昔のキザミ煙草の原料で、バーレー種とともに自然による空気乾燥で葉煙草にする。黄色種は、いまの両切り煙草の原料で、これだけが煙草の乾燥小屋で火力乾燥したものである。

　この小屋根のついた特色ある煙草の乾燥小屋は、黄色種煙草の普及とともに全国でつくられた。黄色種煙草の生葉の乾燥は、湿度と温度の関係が微妙で、そのために地窓や天窓など換気のための様々な工夫がこらされている。全国どこでも大壁、真壁のちがいはあっても泥壁が塗られている。泥壁の吸放湿性をたくみに利用したものといえる。

　この美しい煙草の乾燥小屋のフォルムは香りのいい煙草をつくるための機能と、地場の技術や材料との幸福な出会いによって生まれたものである。

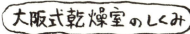
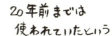
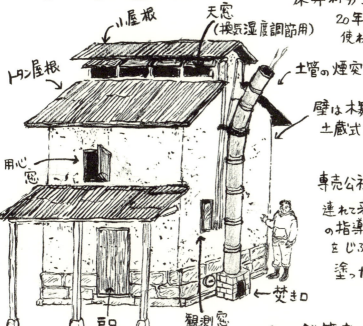

栃木県芳賀郡益子町大平
床井利男さんの乾燥小屋
20年前までは
使われていたという

壁は木舞泥塗り
土蔵式大壁(約10cm厚)

専売公社の指導員が
連れて来た大阪の左官
の指導で地場の荒壁
をじぶん達の手で
塗ったという

薪を100時間焚きつづけ室内に吊した
煙草の葉を乾燥する。
生葉から葉煙草にする乾燥
作業は複雑な化学変化で、
温度、湿度の調節に成否がかかっている

益子でも昭和40年代には
バルク式乾燥機へと技術革新
され、乾燥小屋はつかわれなくなる。

泥壁の乾燥室による煙草乾燥
の方が泥の微妙な湿度調節作用
で、煙草の味が旨かったという

資料提供 たばこと塩の博物館 調査役 川床那夫さん

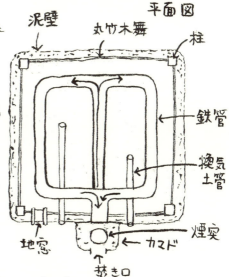

いわき遠野のコンニャクむろ

　常磐炭鉱のあったいわきの湯本から車で30分ぐらい入ったところに遠野の町がある。遠野は、良質なコンニャク粉の産地として知られ、昭和30年代の盛期には、コンニャク御殿が建つほどにうるおったが、現在では町はずれの田人（たびと）の集落でほそぼそとつくられているのみである。
　このコンニャク芋はもともと原産地がインドやベトナムなどの亜熱帯の植物で、中国を経て日本にもたらされた。いわき遠野のような寒い土地では、土蔵式の泥のむろを造って、その中でコンニャク玉を越冬させ、翌年の春に植えなおした。そうやって四年かけて大きくしたコンニャク玉は薄く切って寒風にさらして乾燥し、コンニャク粉にして出荷した。このコンニャク芋を冬の寒さや凍害から守り、どんこ（一年子）、二年子、三年子、四年子と冬を越して大きく育てていくためになくてはならないのが、土蔵式の泥のコンニャクむろである。荒壁のままのコンニャクむろは、村の大工と左官と村民の「ゆい」でつくられたという。

58　Ⅱ　野のもの

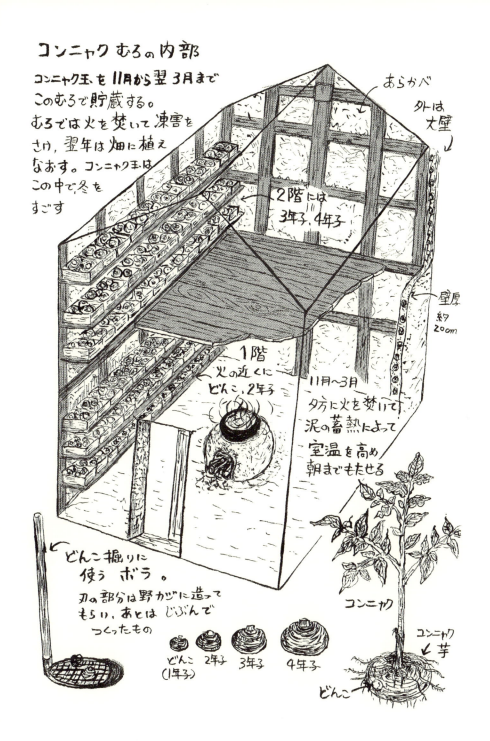

小豆島の猪垣

瀬戸内の小豆島にはいまでも猪垣が残っている。猪垣は、畑の作物を猪や鹿等の野生の動物から守るためにつくられたもので、戦後十数年までは小豆島のいたるところにあった。猪垣は、人と獣が共生するための工夫でもある。あとからやって来た人間が獣を絶滅させることなくせまい島の中で棲み分けるやさしい工夫であった。

小豆島の猪垣は、地場の野石を積んだものと、花崗岩の島である小豆島の山土としていたるところにあるマサ土でつくられた版築のものと二ッある。粘土と砂利のまじった小豆島のマサ土で版築した猪垣は、江戸のものがいまでも残り、石灰なしのマサ土だけでも風雨に充分耐えられることがわかる。

Ⅱ 野のもの

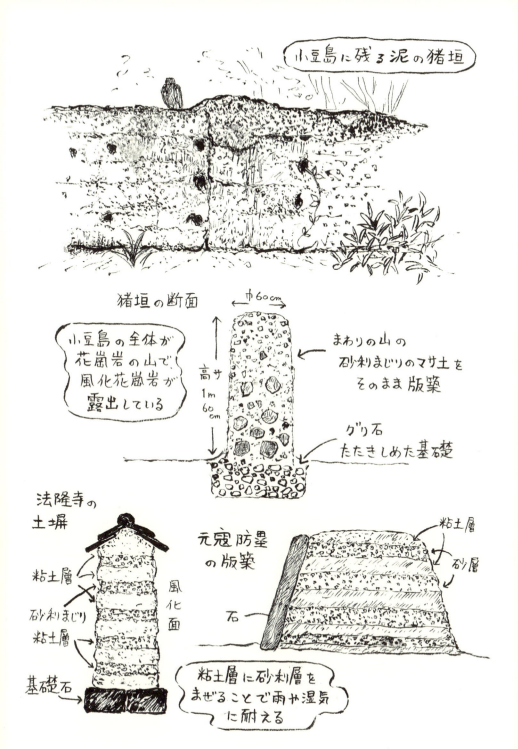

筑紫の博多塀

　瓦を埋めた土塀はいつごろから始まっただろうか？古くは天正年間、熱田神宮に織田信長が奉納した信長塀がある。信長塀はのし瓦のような平瓦をサバ土と生石灰で積んだものである。戦国時代の城壁を思わせるかたく丈夫なものである。博多塀もそうした信長塀の流れをくんだもので、信長の家臣であった秀吉が九州征伐の戦乱で廃墟と化した博多の町を復興したおり、博多の町衆によって戦火に焼け落ちた屋根瓦や焼け石を壁土で積んだ土塀である。

　安土桃山時代の力をつけた町衆の「禍を福となす」バイタリティーが土塀のたくまざる意匠にあらわれている。

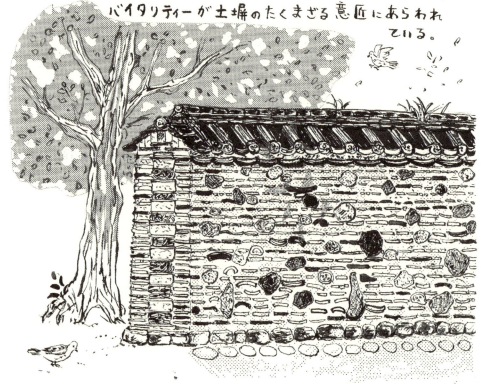

宇土(うと)のガンゼキ

漆喰が化粧漆喰として壁面の仕上げに塗られる以前に石垣や屋根瓦の目地塗りに使われていた漆喰があって、そうした漆喰のほうが歴史は古いものである。九州地方には石垣や石橋等の目地にそうした漆喰をみることが出来る。熊本の宇土に残るガンゼキもそうした漆喰の一ツである。ガンゼキは三和と同じように貝灰と赤土を混ぜたもので上水道の石管の目地塗りということもあって、防水性をもたせるために青松葉の煮汁に塩を入れ、ウスでかたく捏ねたもの。いまも漏水箇所の補修に手塗りされている。
このガンゼキの作り方は江戸時代から父子相伝でいまに伝えられて来たという。

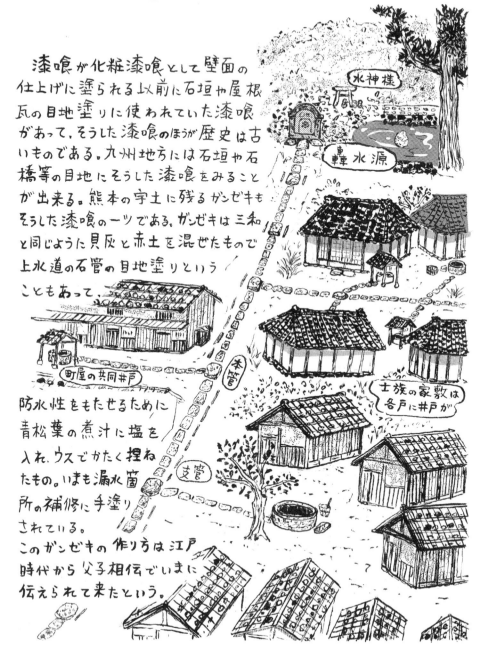

64　Ⅱ　野のもの

奈良 春日大社 若宮おん祭
お旅所仮御殿の漆喰鱗紋

奈良 春日大社の若宮おん祭は、平安の末 1136年全国的な洪水やカンバツで飢饉に苦しむ末世の民を救うため、春日若宮神を春日野の仮御殿にお迎えし、田楽 猿楽などの芸能を奉納したのが始まり。この若宮の宿るという仮御殿は松の木の丸太で組まれ、泥壁を塗り松葉で屋根を葺き、毎年つくりかえられる。この泥の壁には漆喰で三角の鱗紋がえがかれている。この鱗紋は江戸初め頃からといわれるが、これが表現としての壁の装飾の始まりか。

(想像図)

備前焼の里　伊部(いんべ)の土塀

　備前焼の里、伊部は四方を青垣をなす山に囲まれた盆地にある。北の山脈の独立峰をなす秀麗な丸い山には、埴山媛神を祭る神社があって、桃山時代の古い穴窯の跡がある。そうしてその穴窯のまわりに焼き損じのカメやツボや擂鉢やそれらのカケラを捨てた物原があって、いまでも無数の陶片が散在している。

　伊部の土地人は、彼等が物原というその山から備前焼の陶片を拾い集めて来て屋敷や墓のまわりの土塀を築いた。

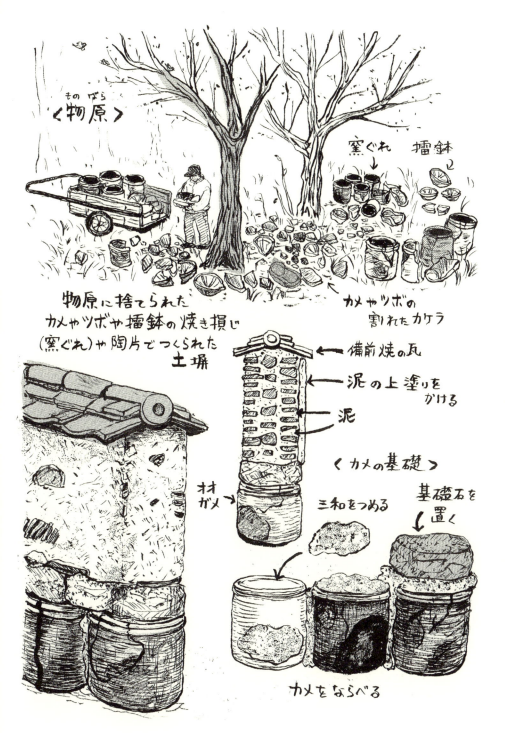

長崎外海(そとめ)のド・ロ壁

　長崎から車で約1時間、西彼杵半島を東支那海にそって走っていくと外海の町がある。この美しい入江を抱えた淋しい漁村に明治の初め一人の宣教師がフランスからやってきた。ド・ロ神父である。フランスで医学や建築を学んでいたド・ロ神父は、長崎の大浦天守堂の建築に協力したあと外海にじぶんの設計、施工で出津教会を建てた。
　ひきつづいて、貧しい漁民の自助のためにマカロニ工場やイワシ網の工場を持つ救助院を木骨レンガ造で建て、そのまわりに付属する建物の壁や塀には裏山にころがる黒っぽい結晶片岩を赤土入りの砂漆喰で積んだ。この工法はド・ロ壁といわれて外海の漁民の納屋の壁にも取り入れられ、入江の集落を風から守った。

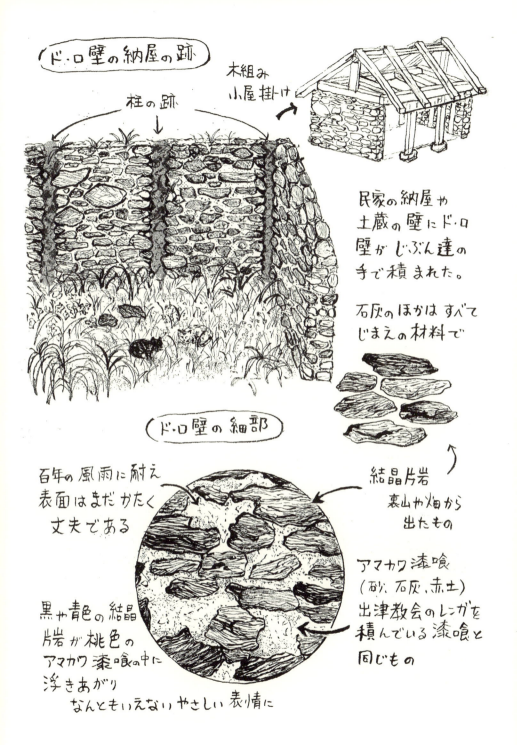

八丈島の黄八丈、泥染の谷

　夜10時に東京の竹芝桟橋を出た船が朝の9時頃、八丈島の底土の港に着く。八丈島は伊豆七島の中でもっとも遠く、流人の島。この絶海の孤島である八丈島が世間に広く知れ渡ったのは、黄八丈という島の織物である。黄八丈は島まゆから採った絹糸を草木染めした織物で、島で〈黄八〉と呼ぶ黄色を主調とした織物のことで、ほかに黒色の〈黒八〉、樺色の〈鳶八〉などがある。

　黄八は島のこぶな草の煎じ汁(ふし)に糸を漬けて染めたもので、18回〜20回漬けては天日に干すことをくりかえし、さらに榊と椿の焼葉6分4分の灰汁によって媒染し、眼もさめるような山吹色に発色させたものである。黒染は椎の樹皮を煎じた黒ふしにつけ干すこと15回、その後「ぬまつけ」といって鉄分を含んだ泥土を溶した水に糸を漬けしばらくねかし、小川ですすぎ、干したもの。この「ぬまつけ」は、火山の熔岩の間から流れ出た水が空気にふれて黄色い鉄分を含んだ粘土となって沈澱した小川の泥田でおこなわれる。

72　Ⅱ　野のもの

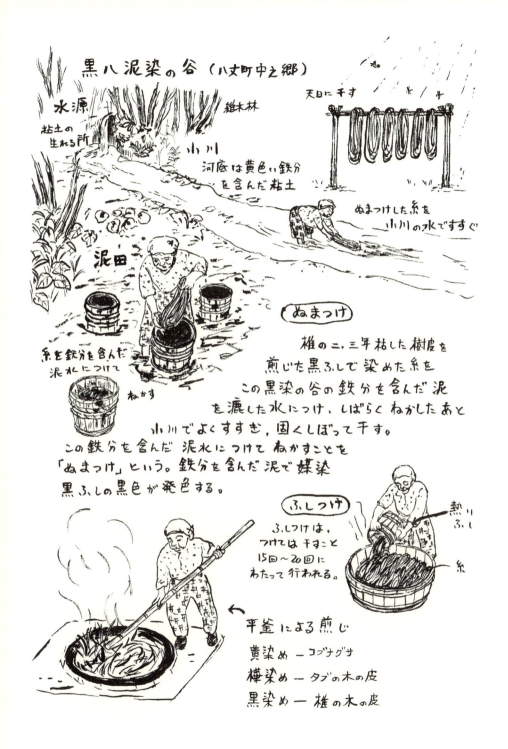

一戸の縄文の竪穴住居

青森に近い岩手県一戸の御所野に縄文中期の集落のあとがみつかった。縄文の村は小高い明るい丘の上にあって発掘調査がおこなわれた。

この発掘調査で縄文の竪穴住居の地中に掘られた土間床の土が焼かれていることと、茅葺きの屋根の上に土がのせられていたとがわかったという。この竪穴覆土の住居は縄文中期まだ日本列島が現在よりも寒冷だった時代、夏の涼しさと冬の暖かさを得るためだったといわれる。

この発掘調査によると竪穴の土間のタタキは二層になっていて、その層の全体を焼いたとみられる焼き土の層が出て来た。これは炉端などあとで焼けたものではなく、建造当時に焼かれた層であるという。

縄文人は土間の土を焼きしめることで地面からの湿気や雨水の浸透を防いだのだろうか。縄文のすまいはわれわれが思っているよりもずっと心地よいものであったのかもしれない。

縄文竪穴住居想像図
一戸町教育委員会 文化財事務所
復元住居より

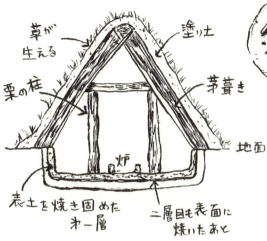

- 草が生える
- 塗り土
- 栗の柱
- 茅葺き
- 地面
- 炉
- 表土を焼き固めた 第一層
- 二層目も表面に焼いたあと

焼きしめることで地下からの湿気を防いだものか

竪穴家屋想像模型
（関野克著『日本住宅小史』）

竪穴式は寒冷な気候から土間のもつ夏の涼気と冬の暖かさで身を守る

焼き土の土間, 施工想像図

例1 小屋組み前、地面を掘り（約30cm）よくたたきしめ、その上に枯れ草や枯れ枝を積み、火を放つ

← 火

例2 まず住む土地の林を焼き払い（火田）そのあとに畑と住宅をつくる。その焼いた土を集め敷き、たたきしめる

たたきしめる

芝棟

屋根の棟を野土をのせておさえてある

百合の花

東北にいまも残る芝棟の茅葺民家は縄文の土塗り屋根の名残りか

葛生の麻苆
くずう　すさ

　野州灰で知られる関東の石灰産地 栃木県の葛生町の町はずれにいまでも麻苆を製造する工場が残っている。麻苆製造のさらしに欠くことの出来ないきれいな水が山あいの葛生の町には豊富である。麻苆の原料は南京袋で知られる使い古しの麻袋である。食料輸入大国の日本では、大豆、落花生、ゴマ、コショウ、珈琲豆、カカオ豆の空袋が一度使っただけで大量に破棄されているので、いくらでも手に入るという。その麻袋をこまかく裁断し、叩解し、水と漂白剤でさらし、風選し、漆喰用のさらし苆をつくる。葛生の石灰と清冽な水が麻苆の製造にふさわしい土地となったのである。

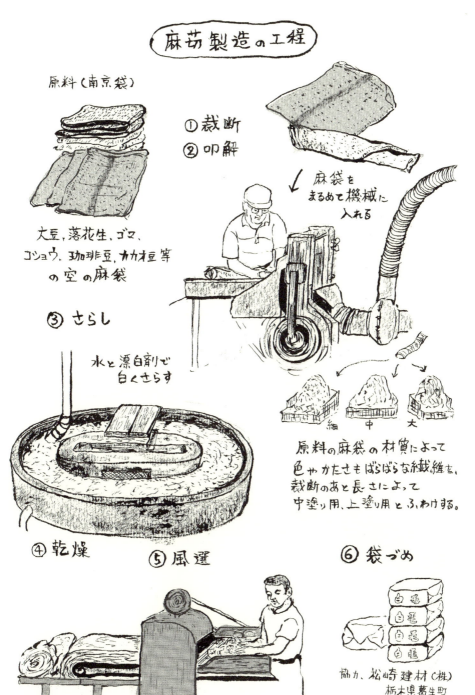

相模 伊勢原善波村の女竹

　関東では泥壁の木舞には女竹が使われた。女竹は川辺等に藪となって群生するのでカワダケとも呼ばれる。高さは3〜6mにまで成長し、茎の径は1〜3cmである。木舞竹には2〜3年たった太目のものを三ッ割りにして使用する。細いものは間渡し竹として一本ものを使用。

　このほど、神奈川で木舞泥壁の住宅を手掛ける左官の親方が女竹を刈りにゆくのについていった。女竹の藪は伊勢原市の善波村という山村にあり、たまたま国道を車で走っていてみつけたのだという。女竹の藪はかつて村の入会地で農業用に切り出していたのだが、いまは刈り取る者もなく藪は荒れ放題である。村の山役の許可を得て竹を刈り取らせてもらう。かつて村々には誰れのものでもない村人がみんなで利用していた藪や雑木林があって、それは私有地ではないので誰れかかれかがほどよく手入れし、自然の恵みをたやさないように見守っていた。

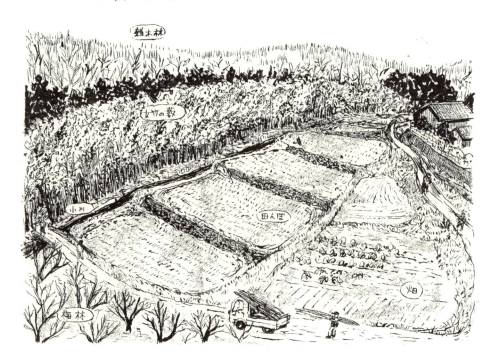

信州佐久平のヨシ木舞

　信州の佐久地方では、泥壁の木舞に千曲川の河原のヨシを使っていた。冬、河原に立ち枯れたヨシを刈り取り、そのヨシを太いのでは2～3本、細いのでは3～4本束ねて篠竹の間渡しにタテ、ヨコに掻きつけ、泥を塗ったのである。佐久平の千曲川べりにはヨシの原が残っているが、いまでも農家が田んぼの虫除けのために毎春、野焼きするので、まっすぐな背の高い一間はゆうにあるいいヨシが育っていて、12月～1月の寒い時期に左官がじぶんで木舞用のヨシを刈り取る。

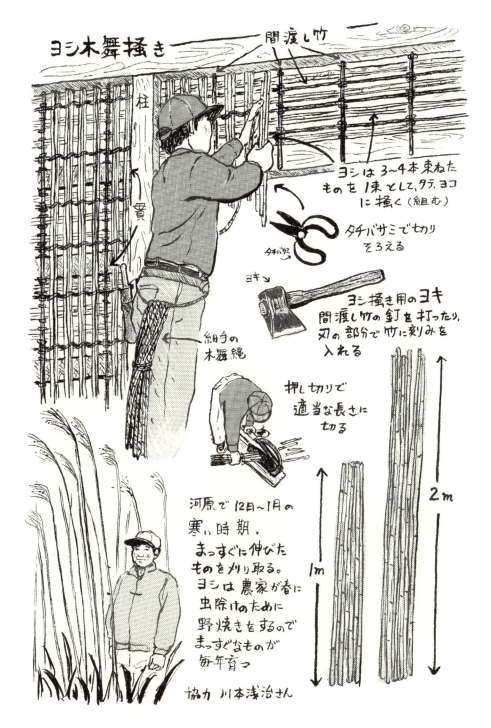

秋田の土瀝青(どれきせい)(天然アスファルト)のアブラカケ

　秋田市の北方の丘陵地の黒川や豊川では、いまでも ほそぼそと石油の採掘がおこなわれている。この地の土瀝青(天然アスファルト)は縄文時代から採取され、石鏃の接着に使用された。明治初年頃から溜池に浮かび上がる原油や土瀝青を集め、少し砂を混ぜ、夏の炎天下、どろどろに煮たてたものをワラボウキで末端ぶきの屋根の腐り止めに塗った。地元では これを屋根油といったり、クソウド、土油(つちあぶら)(アスファルト)といい、その作業に従事する者を アブラカケといって昭和30年頃まではいたという。また、雪の多い この地方では湿気よけのために土間のタタキにも 天然アスファルトを塗っていた。夏の緑の中で屋根や板壁に塗られた 天然アスファルトの厚みのある黒は、この地方の風景を印象深いものにしている。

原油が染み出たまっ黒い池

石油採掘のやぐら

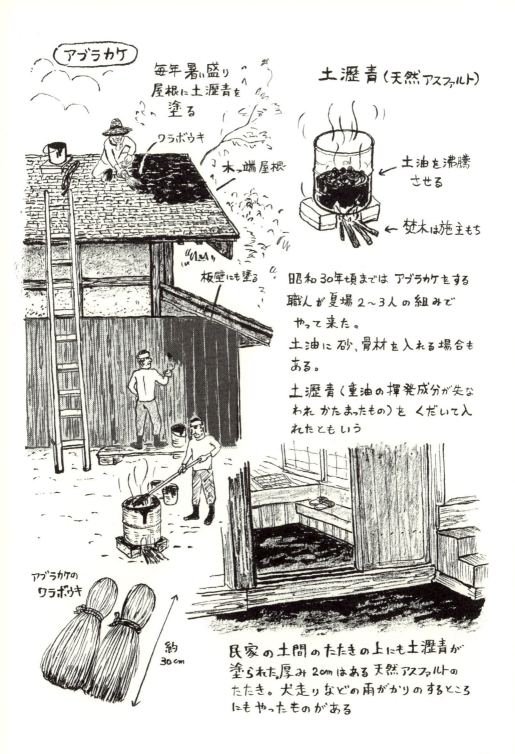

瀬戸内の杉の焼板

　瀬戸内の海辺の民家や土蔵の壁には黒い焼き板を張って海からの風や雨から壁を守っている光景がみられる。板を焼き表面を炭化することによって海の潮風や雨水によって板が腐食するのを防止するこの工夫はいつから始まったか、海辺に住むものの無名の工夫である。燃えやすい板をあらかじめ焼くなどといった逆転の発想は瀬戸内の漁師の「板子一枚下は地獄」といった海との戦いから生まれたものか。20～30年はもつというこの焼き板づくりは、いたって簡単で、板と板を三枚ヘリで合わせ、三角の筒をつくり、煙突となった板がみずから燃えあがるのを利用。燃料はカンナクズや新聞紙のたきつけだけでよい。

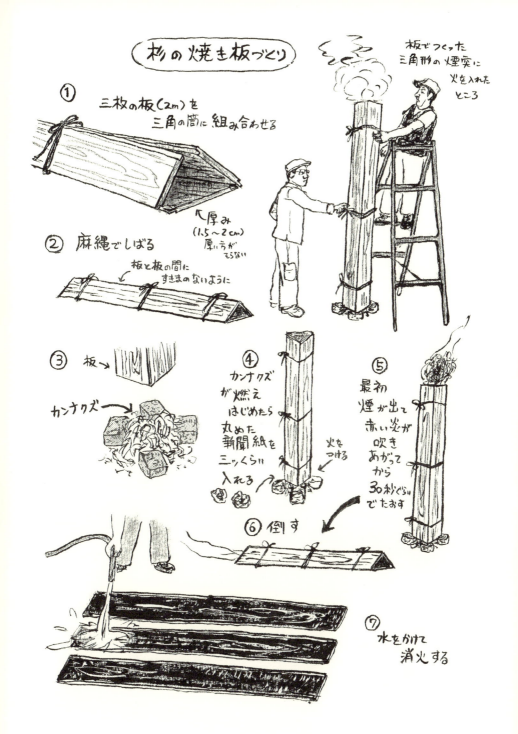

III 海のもの（浜、渚、磯）

カキ灰の窯場（瀬戸内さぬき大川町）

周防(すおう)の松葉焼貝灰

周防(山口県)の松葉焼貝灰は、周防灘の浜辺に、うちあげられた貝殻を拾い集め、松葉で野焼きしてつくった貝灰。(河田繁行さん談)

貝殻集めは子供達の仕事。ほうびはアメ玉。

柳河の貝灰泥煉瓦

柳河(福岡)の沖之端では、大正の頃から有明の海で採れた貝で貝灰を焼いていた。アサリ、ハマグリ、マテガイ、地がき等の貝殻が船で運ばれて来た。貝焼き場では、貝灰焼きで出る未焼化のガラ灰を泥と混ぜ、日干し煉瓦をつくって、じまえの建材として貝焼き窯を築くのに利用した。

— 松藤卯吉翁 談 —

沖之端川

柳河沖之端
松藤貝灰の貝焼場

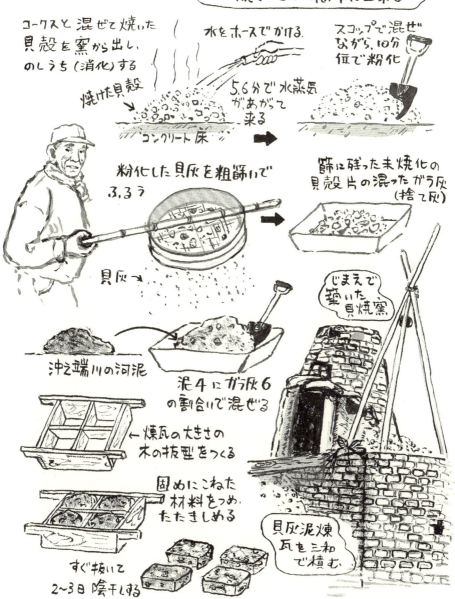

伊良湖岬灯台の白壁

海の青か、大地の緑の中で、船からよく見えるように灯台は白く塗られている。この純白の白は、石灰の白である。昭和30年頃までは離島や僻地の岬の灯台では、生石灰をバケツで沸化し、そのままミゴボウキで職員が塗っていた。

渥美半島の先端にある伊良湖岬灯台でも昭和24〜25年頃までは生石灰が塗られていたという。石灰は岐阜の美濃灰や浜松の遠州灰や紀州の熊野灰で、石灰石を焼いたままのかたまりで、カマスに入ったものを使ったという。

伊勢湾の菅島の灯台は明治のいちばん古いレンガ造の灯台だがレンガはその場で、その島の粘土で焼いたものだという。南の方のサンゴ礁の島の灯台では、サンゴ石を焼いた生石灰を塗っていたとも考えられる。

(蒲郡航路標識事務所談)

92　Ⅲ　海のもの

佐田岬の船倉と石垣

　土地の人が青石と呼ぶ緑泥片岩を赤土で積んだ腰壁の上に板張りの荒壁があってその上に瓦屋根をのせたといったふうの素朴な建物が船倉である。海辺にそって軒をつらねて並んでいる船倉は半漁半農といってよい佐田岬の漁村が生み出した建物で、鯛等の漁のほかに畑の肥料となる海藻を取るための藻引き船を漁のない冬場や台風時に引きあげておく納屋であるとともに、それは激しい季節風から大切な畑やすまいを守る防風や防潮の役割も果たしていた。

　土地人はこの船倉を通して海辺に開かれ、海と風と終わることのない対話をなりわいとして来たのだ。いまは海岸線を固めたコンクリートの防潮堤を悲しむばかり。

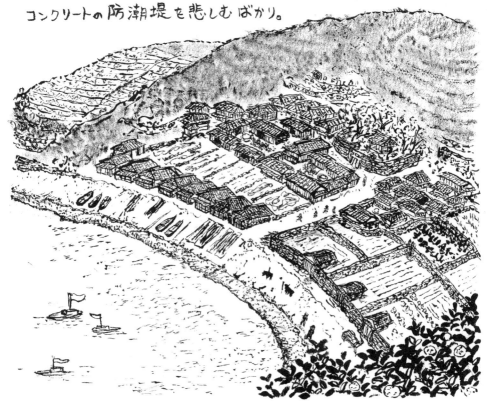

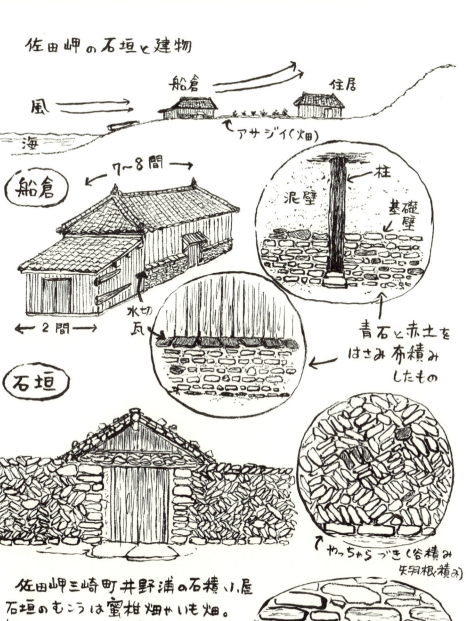

佐田岬三崎町井野浦の石積小屋
石垣のむこうは蜜柑畑かいも畑。
軒にはにんにくやタマネギが吊されて
いる。

すべて崩落した石や海辺で洗われ
た片手に持てるくらいの石を拾い集めた
もの。石切場はない

常滑の蓑壁(みのかべ)

　常滑の路地を歩いていると、いまでも古い民家の壁に、蓑壁をみることがある。蓑壁は泥壁を雨風から防ぐために荒壁の上に葉つきのヨシを泥で貼りつけたものである。ナマコ瓦や漆喰が庶民のものではなかった時代の海辺の民の民家の潮風除けの工夫である。

　蓑壁は台湾にもみられ、海の民とともに黒潮の流れに乗ってひろがった海の贈物であろうか。

Ⅲ 海のもの

蓑壁のつくり方

河辺や川の流れこむ海辺にはえているヨシ

刈り取ったヨシを天日で干す

ヨシ

長さはアバウトで現場に合わせて様々

細い麻糸でスダレに編む

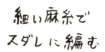

荒壁

一段一段下から貼り、ヨロイにかさねていく

砂を入れた粘ばいめの中塗り土を塗った上に蓑を貼りこみ上端を塗りこむ

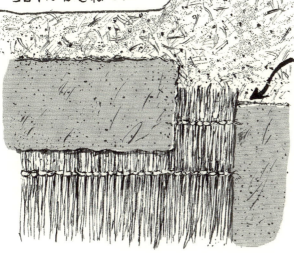

沖縄のムーチー

　沖縄には、島民(シマンチュ)がムーチーという琉球固有の漆喰がある。ムーチーはサンゴ(海石)を流木や薪木で焼いて、そのまま穴の中に投げ入れ切り藁と水を入れて消化し、クリーム状にしたものである。沖縄は台風の通り道にあたり風雨除けのために屋根漆喰を念入りにほどこす。この屋根漆喰に使われるのがムーチーである。もともと沖縄の民家は石垣で囲まれ塗り壁はなく、瓦屋が屋根漆喰を塗ったものである。

　昭和45年頃から自然保護のため海からサンゴを採るのが禁止されたとともに、サンゴを焼くこともなくなった。かつては海辺に豊富にあるサンゴ石を拾ってきて瓦屋がじぶんでカマをつき使う分だけ焼いてムーチーを作ったという。

恩納村仲泊の
最後のペーヤチガマ

98　Ⅲ　海のもの

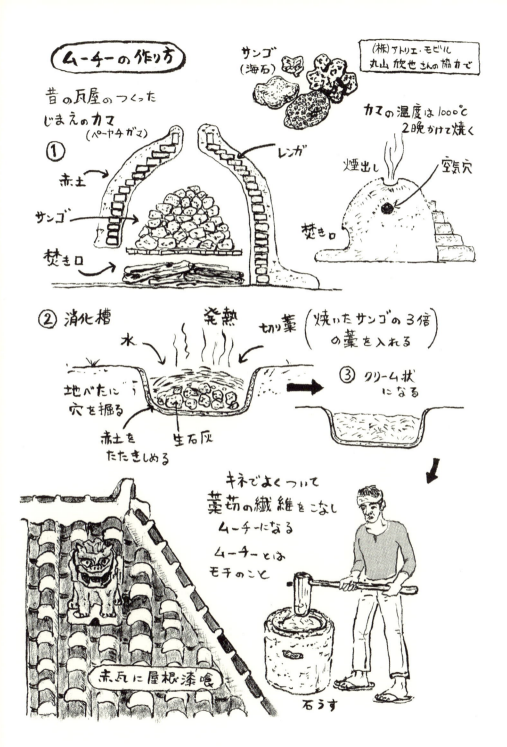

知覧松ヶ浦のサンゴ灰①

　日本でサンゴが棲息する北限は紀州で、サンゴが打ち寄せる浜辺ではサンゴ灰が焼かれていた。沖縄のムーチー、紀州の熊野灰は、いずれもサンゴ石（菊面石）を焼いたもの。鹿児島の薩摩半島の南支那海に面した浜辺にはサンゴが打ち寄せる。枕崎の隣の知覧の松ヶ浦では明治のはじめ、海蝕の崖の岩をくりぬいて、サンゴ石を焼く岩がまを浦人がつくって、入江の浜に打ち寄せるサンゴ石を焼いてサンゴ灰をつくった。サンゴ灰は台風に悩まされる地元の屋根漆喰か壁塗りの漆喰のほかに、畑にまいたり、船の海水止めに魚油をまぜて使われた。浦人が浦人の必要な分をみんなで集って焼いたのである。薪とサンゴ石を交互に窯の中に積みあげ、火をつければ一昼夜で焼きあがり、取り出して水で消化すればサンゴ灰となった。

松ヶ浦
四角場浜

100　Ⅲ　海のもの

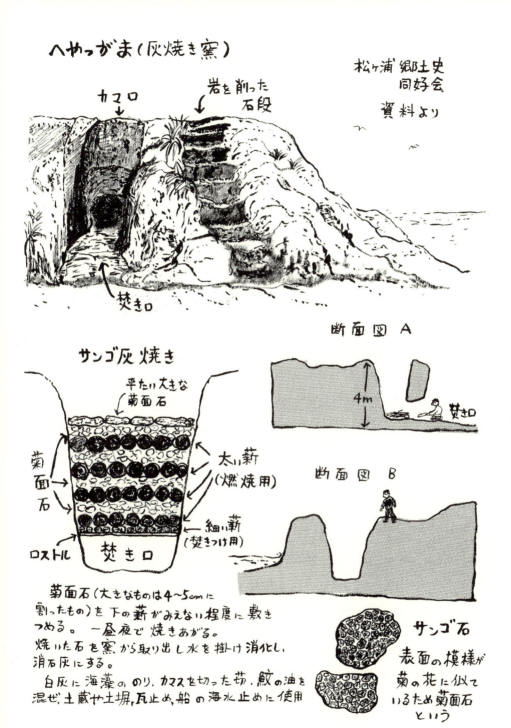

知覧のサンゴ灰②

　鹿児島の知覧の海岸には菊面石(めん)と呼ばれるサンゴ石が採れる。この菊面石を焼いたのがサンゴ灰である。サンゴ灰は沖縄のムーチーと熊野灰が知られる。この知覧では江戸時代から焼かれていたという。サンゴ灰を焼く窯のことを へやっがまと地元の言葉でいい、知覧の海岸線の凝灰岩をくりぬいてつくられていた。
　サンゴ灰は浜辺に打ちあげた菊面石(サンゴ石)を拾い集め、それを子供のこぶし大に割り、窯の中に松の薪と交互に層に積みあげ、下から火をつけて焼く。五時間ほどで焼けるが、翌朝まで自然冷却し、焼きあがった生石灰に水を掛けて沸化し、粉末のサンゴ灰を得る。サンゴ灰は南支那海を流れる黒潮の無償の贈り物である。

協力、ミュージアム知覧、中俣末春氏、菊野憲一氏

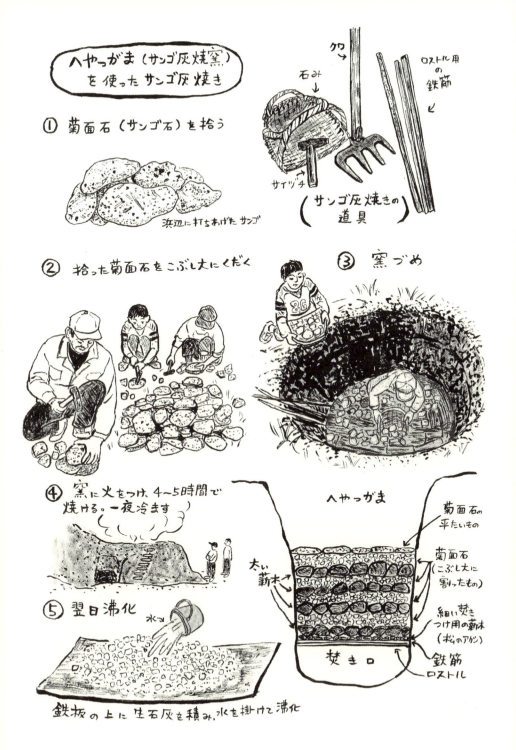

直島の土器製塩の炉と貝灰タタキ

香川県の高松の沖に直島諸島がある。その一つにいまは無人島となった藪衛島という島があって、またの名をあんごう島という。「むかし暗愚のひと住みて、土器（かわらけ）を焼きては捨てて暮らした」という。その島の浜辺にはいまでも土器のかけらが浜辺に打ち捨てられている。この土器のかけらは弥生から古墳時代にかけてこの島で土器製塩がおこなわれていた名残りである。

当時の製塩法は鹹水（かんすい）を土器で煮つめた粗塩を日干しかあるいは半焼きした土器につめて、もういちど焼いて固めた焼き塩で、この焼き塩をつくった土器は割れて使い捨てになる。

この島から十基の土器製塩の炉の跡が出、炉やそのまわりは貝灰のタタキで仕上げられていた可能性がある。

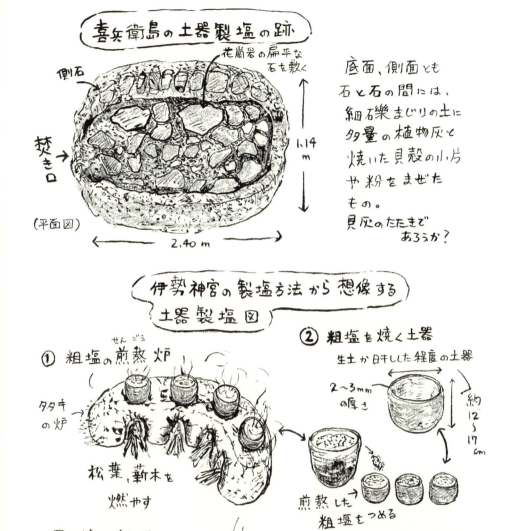

房州大原岩船の浦のオオバツノマタ

　房州大原の岩船の浦では遠い昔から海女がワカメやテングサやヒジキといった海藻を採っていたので、一緒にツノマタも採っていたと思われる。

　この浦で採れるツノマタは葉のおおぶりなオオバツノマタ。ツノマタは一年生の海草で岩場についた胞子から春に発芽し、4月上旬〜9月中旬が採取の時期である。

　海藻としては高価ではないこのツノマタを明治のはじめ左官用として商い始めたのが、吉田鉄五郎商店の初代（現在3代目）である。この浦では海女の高齢化で地場もののツノマタはわずかで、青森や北海道の仕入にたよっているという。海女や漁師の採ったツノマタを買入れ、泥干しし、乾燥小屋で3年熟成したのが商品としてのツノマタである。

　現在では、仕入れたツノマタを工場で火力乾燥し、粉砕機で粉砕した粉末ツノマタもつくられている。

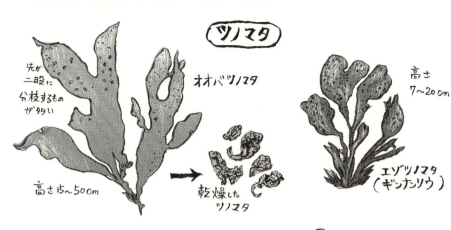

ツノマタ

オオバツノマタ
先が二股に分枝するものが多い
高さ15～50cm
乾燥したツノマタ

エゾツノマタ（ギンナンソウ）
高さ7～20cm

① 磯でのツノマタ採り　大潮の日

タルにスカリを結び海底から採集するものを収納し陸上げする
スカリ（網）
タル（樽）木製の浮子
昔の大原の海女のスタイル

② 泥チリ
砂場や土場の上に。現在ではコンクリートの突堤やアスファルトの道路の上で

③ 熟成小屋でねかす（倉囲い）

漁師や海女からツノマタを買い取り、泥チリ乾燥をくりかえし、三年ねかし熟成したものを左官用として出す。現在では火力乾燥し粉砕機で粉砕して小袋につめた粉末ツノマタもつくられている

粉ツノマタの工場

協力：吉田鉄五郎商店
（吉田鉄太郎社長）

真壁土蔵学校での本漆喰づくり

7月、真壁の土蔵学校で、「本漆喰づくり」が行なわれた。約1年かけて塗り重ねた土壁をこれで仕上げる。60人あまりの受講生がツノマタを煮たり、漆喰を捏ねる様子は、まるで大宴会のためのごちそうを作っているようだった。

1. ツノマタを煮る

ナベ(ここではカン)にツノマタを入れ沸騰する手前の状態を保つように火かげんし、1時間半〜2時間煮る

薪は廃材

ツノマタの量は石灰1袋に対し700g

乾燥したツノマタ

108　Ⅲ 海のもの

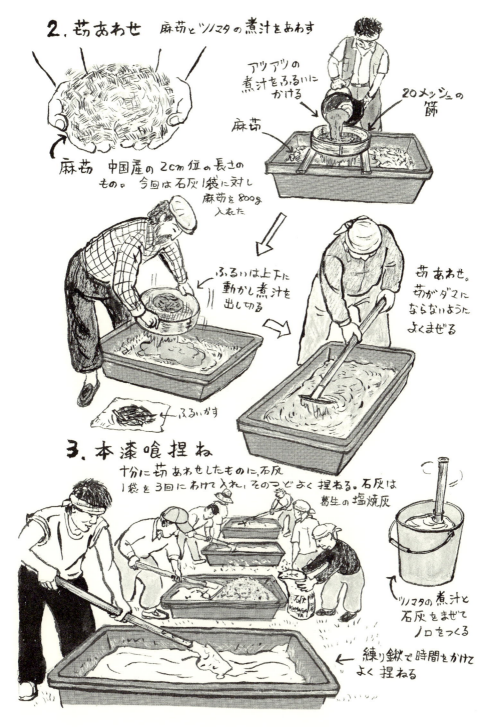

●塗り壁材の原料になる貝殻やサンゴ

貝殻を焼いた貝灰は石灰石を焼いた石灰よりも以前から使われていた。貝殻は手に入りやすく、石灰石より低温で焼ける

カキ
カキの殻を焼いたカキ灰は良質とされる

貝のなかまは、やわらかい体を保護するために石灰質の殻をつくる

ハマグリ　アサリ　シジミ

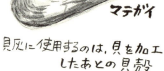

マテガイ

貝灰に使用するのは、貝を加工したあとの貝殻

サンゴの棲息する地域では海辺に打ち上げられたサンゴを焼いてサンゴ灰をつくった

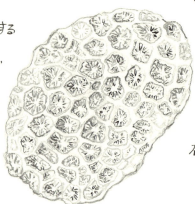

サンゴ
（菊面石）

サンゴは石灰質の硬い骨格をもつ

IV 海外編

ネイティブアメリカンの泥と石の家
（ニューメキシコ、ズニ居住区）

インド アジャンター石窟の壁画

インド、デカン高原の北西のアジャンターに、紀元前1世紀頃から7世紀頃までの間に作られた仏教窟院群がある。馬蹄形にカーブする川沿いの断崖を彫って作られた窟院の内部には美しい壁画が多く残されている。

壁面の絵や装飾模様はノミで彫った岩肌の上に植物のスサと泥土を練ったものを塗り平らにし、その上に石灰を塗って白下地を作り、膠を接着剤にした顔料で描かれたという。

黒は油煙墨から、赤(酸化鉄)、黄(黄土)、緑(緑土)、白(石灰や白土)の鉱物顔料。そして青は、アフガニスタン特産のラピスラズリが使われているという。

（参考 法隆寺再現壁画カタログ）

1月から2月の約20日間のインド旅行中
アジャンターの石窟を訪れた

この周辺の石ころ
ピーコックグリーン

乾季だったので、川の水も無く
緑も少なく岩肌が目立つ。
気になったのは、やや薄茶がかった気泡
がある岩肌に、あざやかな緑色の粒が
あることだ。ところどころ、まったく緑色の部分もあり、壁画の緑色
は、この岩を砕いて作ったのかなあと想像してしまうのだった。

バスや列車の窓から、町中で、赤、黄
オレンジ、いろんな色砂、土を目にした

何窟のものだったか覚えていないが、
床にある穴を指して窟の番人は
顔料をすりつぶした穴だと言った

絵の下の泥土が落ちた岩肌にも
細かく丁寧に彫ったノミの跡がある。
今でも コツコツ カンカンと音が聞こ
えてくるかのよう。
岩肌に塗った泥土について、牛糞を混ぜた
と記された本もある。牛糞は草を食べる
牛の糞だから植物繊維も多く、
見たところ粘り気も強そうだ

絵の下の泥土が落ちた岩肌

113

チベットの敲(たた)きと白壁、赤壁

　チベット高原の乾いた空気と透明な陽差しの中で、白や赤で塗られたチベットの建物の印象は強烈であるが、この白や赤は自然の土の色である。この鉄錆紅土や白土は、チベットの各地各都にあり、一般の民家はこれらの白土や紅土を水で溶いて石積みの壁にそそぎかけて色上げするだけである。ただ、重要な建築、宮殿や寺院の壁、ストゥーパなどの宗教的建築には、この水で溶いた白泥、赤泥に牛乳や砂糖を混ぜることによって稠密(ちゅうみつ)かつ雨風による脱落を防いだという。またチベットの建物はすべて陸屋根であるが、その屋根はすべて地元でアルカという敲き土で仕上げてある。日本でいう真土である。アルカを10cm厚くらいに、10人～20人と集まって唄いながら踊りながら敲きしめ、その表面には防水のための植物油を塗って仕上げる。

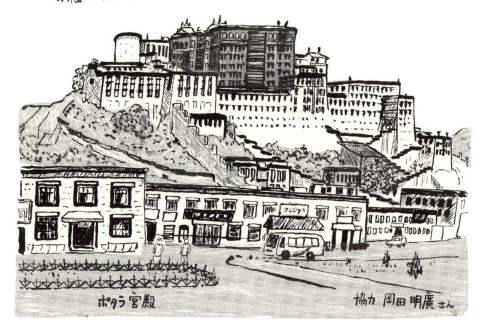

ポタラ宮殿　　　　　　　　　　　　協力 岡田明廣さん

114　Ⅳ　海外編

フランス グルノーブルの泥の学校

　生活環境や気候風土、言葉も違う様々な国から来た人達が土の建築という一つの目的をもって半年間グルノーブルに集い、毎日フランス語と泥に悪戦苦闘しながらの学校生活は、講義実習の内容だけでなく、様々なことを私の心の奥深くに残してくれました。

　また逆に、言葉の障害のお陰で、作業中は頭で考えず自分自身の身体感覚に集中できたのではないかと思います。今でも私の手に、あの土のざらざらした感触がしっかり残っています。

　世界中を見渡してみると、住んでいる人達自身が自分達の手で身近な材料を使って壁づくりをしている地域はたくさんあります。都会の中で無機質な人工のものに囲まれていると、自分達の一番近くにある大事な何かを忘れてしまっているような気がします。

（磯村雅子さん談）

カメルーンから来た人達は自国では歌を唄いながらブロックを積む。目地が歪んでいたりブロックがずれていても人間の歌声がしみ込んでいると思うと暖かいものが感じられる

版築の表面には突く人々の性格があらわれている

土の分析と鑑定方法

① 水による土の分析

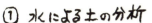

8時間後

水 3/4
土 1/4

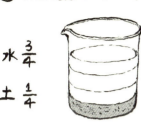
よくふるう

粘土
シルト
砂
砂利

- 砂利　　直径　20mm ～ 2mm
- 砂　　　＝　　2mm ～ 0.06mm
- シルト　＝　　0.06mm ～ 0.002mm
- 粘土　　＝　　0.002mm 以下

② シガーテスト

水分を加え、よく混ぜ合せて30分休ませた土を直径3cmほどの棒状（葉巻状）に成形し、台から空中に押し出す

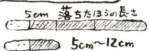
5cm 落ちたほうの長さ

- 圧縮ブロック　　5cm～12cm
  （セメント入り）
- 日干しレンガ　　5cm～15cm
- 荒壁土　　　　　10cm～15cm
- 圧縮ブロック　　10cm～20cm

5cm以下 ― 砂質の多い土

5cm～15cm ― 砂質から粘土質までバランスよく含まれた土

15cm以上 ― 粘土質の多い土

↑
落ちたほうの棒の
長さを測定する

古代ローマの石灰消化池

石灰には、湿式消化（石灰クリーム）と乾式消化（粉末消石灰）があって、古代には湿式消化がおこなわれていた。古代ローマ時代の石灰窯が北イタリアのドロミティ国立公園のカンツォイ谷にあって、その窯場の近くには石灰の湿式消化に使われた人工の池がいくつも残っていて、運がいいと山の中にねかし忘れて眠りつづけている石灰クリームの穴を発見することがあるという。それは、50年、100年とねかしつづけている間に忘れられたものという。石灰石は、カンツォイ谷を流れるカオラメ川から拾い集めたもの。それをハンバミや楓の木等の雑木を燃料に300℃の温度で一週間余かけて焼いたのだという。このカンツォイ谷（ベルーノ県チェシオマッジョート）近辺には38ヶ所の古代ローマ（2000年前）の石灰窯が発掘され、古代ローマ時代には100年ねかしたものを順に使っていくよう計画的に焼かれていたという。

北イタリア　ドロミティアルプスの
カンツォイ谷と石灰焼の村

北イタリアのドロミティアルプスのカンツォイ谷では、古代ローマの時代から石灰が焼かれた。有名な古代ローマの水道橋や円形競技場もこの谷の石灰でつくられた。白い石灰の山がそびえ、谷間を流れる谷川の河原は、白い石灰石で、その河原石を拾い岩をくりぬいた穴窯で石灰は焼かれた。谷の下にすむ村人が春と秋、谷に入り、石灰を焼き、遠くローマへと生石灰は運ばれたが、その一部は村にいくつもある石工のつくった石の消化槽で石灰クリームにして、自分達で使った。石積みの民家の目地材は石灰クリームに粘土まじりの砂を混ぜ、内外壁の白い化粧は石灰クリームの刷毛塗りで。カンツォイ谷の近くにいまでも残る石積みの美しい家の集落は、その名残りである。

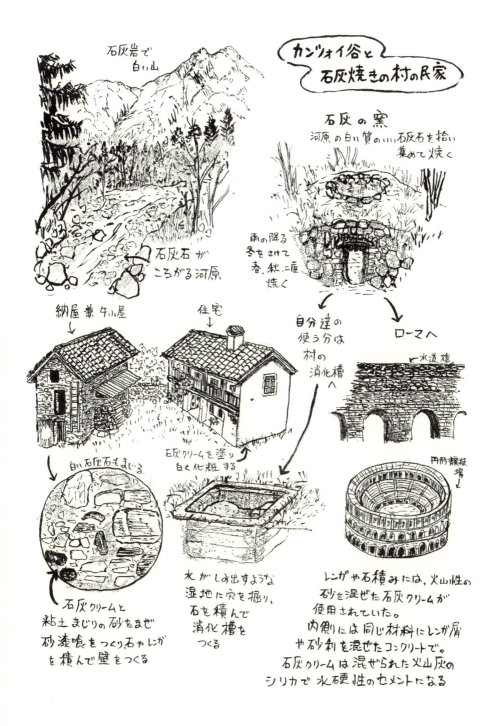

ネイティブアメリカンの
パン焼きカマド

　ネイティブアメリカンの家の庭には石と泥でつくったパン焼きカマドがある。それは女達が身のまわりで手に入る石や泥でみずから築いたものである。火は女性のもの。火の神は女の神様でもある。パンを焼くのも壺やカメを焼くのも女性の仕事であった。戸外のパン焼きカマドを彼女等はオノという。形はそれぞれたまご形やねぎぼうず形、乳房形や天円地方の宇宙の形をしている。なるべくへんぺいな火に強い石を集め、アーチ状に地場の粘土質の泥で積み上げていく。最後には麦藁を入れた泥を手で塗って化粧する。カマドはまず薪木で内側を熱し、泥に蓄熱した余熱や熾（おき）でトウモロコシのパンや素焼の壺を焼きあげる。

122　Ⅳ　海外編

プエブロ・ラグナの成長する教会

ニューメキシコのラグナ村に建つサン・ホセ・ラグナ教会は
メキシコからやってきたフランシスコ派の宣教師が300年
前に建てたもの。それはネイティブアメリカンのプエブロ・ラグナ族
の墓の上に建てられたのだという。
カトリックのスペイン人は、アラブ経由の建築様式をメキシコに
持ちこみ、このニューメキシコにもそれを伝えた。
このラグナの教会は、石を泥で積み、その上に泥を塗った
厚い壁の上に丸太の大梁を渡し、木枝と泥で屋根を
葺いたシンプルな構造で、その形は三百年の間に次々と
補修され、その姿を変えてきた。崩れそうになれば、そこに
石と泥をつけたし、雨で上塗りの泥が流されればまた泥を
手塗りし、だんだんと丸みを帯びたものになってきたのである。
いわば、このラグナの教会は成長をつづける建物である。

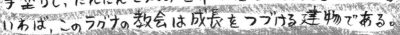

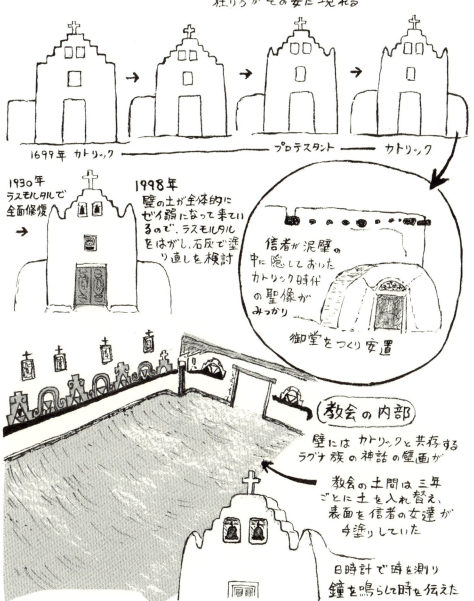

ペルーの日干し煉瓦の家

　南米のペルーでは、いまでも焼いた煉瓦のほかに、日干し煉瓦が重要な建材で、北部トルヒーヨの近郊の村々では家づくりの職人が日干し煉瓦を施工現場近くでつくる。日干し煉瓦づくりは施主の畑や乾いた田んぼにまず井戸を掘り、水を確保してから（ペルーの太平洋岸は雨がすくなく砂漠化している）はじめる。川のヘリでつくるところもある。畑を20〜30cm掘り、その土をならし井戸の水を入れ、精米工場から出たもみがらを入れて（ペルー北部はインディカ米の産地）よくこねる。二個連続の木枠で抜き、もみがらをまいた畑に並べ乾かす。雨のない乾燥地帯なので1〜2週間でからからになる。
　一軒の家をつくるのに25個ほどの日干し煉瓦をつくるという。

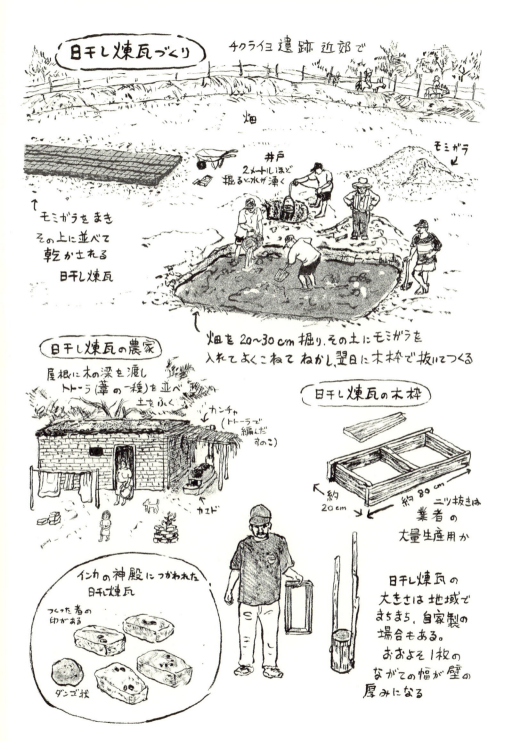

ペルーの泥のレリーフ

ペルーでは、インカの時代よりはるか以前、紀元前1000年くらいから日干し煉瓦で神殿や都市をつくった文明があった。それらの日干し煉瓦の神殿(ワカ)の壁には泥が塗られ、泥の上には魚や動物のレリーフがなされていた。また日干し煉瓦の上に塗られた仕上げの泥には魚の骨や石灰が混ぜられていたという。石灰を混ぜることで泥を固めるすべを知っていたのだろう。

また、壁面の泥の上には赤や黄や黒やの顔料で彩色がほどこされていた。泥に石灰を入れることで色の定着をよくしたものかもしれない。アンデスの山地には石灰岩があり、石灰石を焼いていたが、海岸地方で貝殻を焼いて貝灰をつくっていた可能性もある。ともあれ、古代のペルー人は素晴しい泥のレリーフを残している。いまから2000年前には泥の文化を成熟させていたのだ。

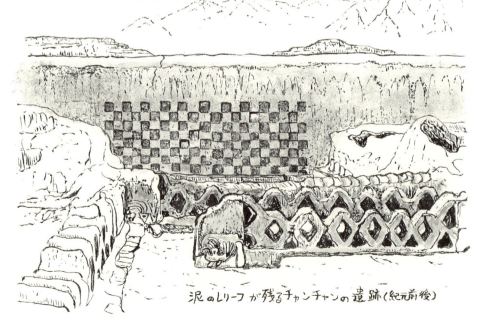

泥のレリーフが残るチャンチャンの遺跡(紀元前後)

128　IV 海外編

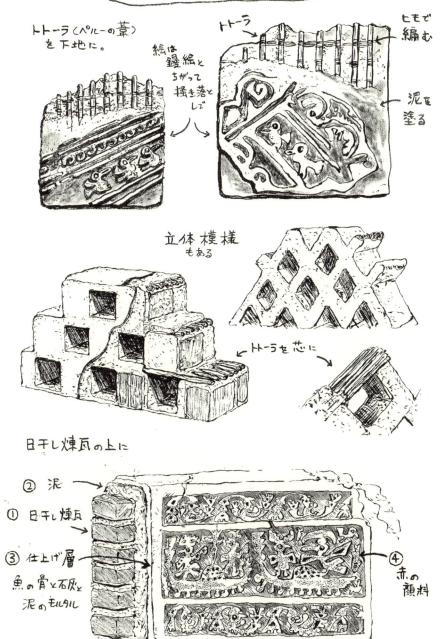

済州島の草家の石壁

韓国の済州島は三多の島といわれ、石と風と女が多いので知られている。女は別として風は夏の南西風、冬の北西風と強い風が吹き、台風にも襲われない年はない。それで済州島の集落や民家は風よけの石垣で囲まれている。民家の茅葺きの屋根も風の抵抗をやわらげるような半卵形の低い屋根で、飛ばされないように茅縄のゴバン目状のネットをかぶせ垂木にしっかりとゆわえてある。屋根の茅は、1年～5年の休耕地に茅場をつくり、そこからメリ取るか、漢拏山の山すそからメリ出したといわれる。1年～2年おきの屋根の葺き替えにつかわれた。

民家の石壁は済州島特有の四角な火山石を土塀と同じように積みあげたもので、黒っぽい石と石の間に詰められた赤土がなんともいえない風情をみせている。

130　Ⅳ　海外編

用語解説

洗い出し　洗い出しは、人造石塗り仕上げの一種で、左官の仕上げ工法の一つ。セメントととも
にヨーロッパから入ってきたもので、左官の現場施工で壁面を石造りにみせるもの。銀行や洋館建
築の外壁に塗られた。みかげ洗い出しがよく知られていて、みかげ石の砕石をセメントと混ぜたモ
ルタルを塗り、モルタルが生乾きのうちに噴霧器や刷毛でその表面を水洗いしたもの。種石の種類
で様々な表現ができる。

荒壁（粗壁）　伝統的な木造建築の木舞土壁で、いちばん最初に塗る壁を荒壁という。荒壁は、竹の
木舞に硬くくいつく必要があるので、粘土分の強い丈夫な壁土に、4、5センチに切った稲藁（荒苆）
を入れたものを塗る。

大津　塗り壁の仕上げの一つで、色土に消石灰と麻苆を混ぜたもので、いいものは影が映るほど
にみがいたものもある。はじまりは、土に石灰を混ぜることで水にも強く丈夫な壁をつくることが
できることから。

貝灰　漆喰の材料としては石灰石を焼いた消石灰のほか、貝類を焼いてつくった貝灰がある。貝
灰は純白度におとるが、左官用としてはすぐれ、上塗りや屋根漆喰に使用された。現在では、石灰
石を焼く工業化した石灰におされ、九州のほうでほそぼそと焼かれている。

掻き落し（かきおとし）　掻き落しは人造石塗り掻き落し仕上げの略称で、セメントとともにヨーロッ
パから入ってきた左官仕上げの一種。砕石とセメントに顔料を混ぜたモルタルで塗りつけ、その表
面を掻き落し、石の表情を出したもの。洗い出し仕上げとともに洋風の壁の仕上げとして外壁に行
なわれた。

掻く　荒壁の下地になる竹やヨシを縄で捲き縦横に組むことを掻（か）くという。

鏝（こて）　左官が材料を塗りつけるための道具。塗りつけの内容によって様々な種類がある。基本
的には、塗りつけ鏝と仕上げ鏝に分かれる。材料は木鏝と金鏝に分かれ、金鏝には、やわらかい地金（じ
がね）から日本刀のようにかたいはがねまである。

鏝絵　左官が鏝でもって漆喰で描いた絵のこと。土蔵や民家に家紋、屋号から始まって、ツルやカ
メ・大黒様・恵比寿様といったおめでたい絵柄や防火のおまじないのための波や龍がよく描かれた。

捏ねる　塗る壁はいくつもの素材の複合で造られたもので、いくつかの素材を配合して水で混ぜ
合わせ、塗り塩梅にすることを捏（こ）ねるという。

木舞（こまい）　木造建築の土壁の下地で、木木舞、竹木舞がある。縦横に組み、木舞縄で掻いたもの。
木舞縄は、藁縄の細めのもの。藁縄のほかにワラビの根でつくったワラビ縄がある。

左官　壁塗りの職人のこと。町場左官と野丁場左官とあって、町場（町屋）左官は一般の住宅の
壁を塗る左官。野丁場左官とは、大手ゼネコンの下でビル工事などの壁を塗る左官のこと。

三和（さんわ）　三和は職人言葉で土間のたたきのことをいった。粘度と石灰と苦汁（にがり）の三
つを混ぜたもの。その地域地域で仕様が微妙にちがう。たたきに適した砂利土があるところとして
京都の深草たたき、三河の三州（さんしゅう）たたきが有名。

地金（じがね）　左官の鏝は材質では木鏝と鉄の鏝に分けられる。鉄の鏝にはおおざっぱに塗りつけ
用の鏝とならし用の鏝、仕上げ用の鏝の三つに分けられる。地金の鏝は塗りつけ用でその材質もや
わらかく、土の塗りつけは地金の鏝で行なう。

漆喰（しっくい）　日本の伝統的な壁の仕上げ。白壁として知られる。漆喰は、消石灰と麻苆と海藻
糊（ツノマタ）を混ぜたもの。その歴史は古く、仏教とともに大陸から伝来した。

聚楽（じゅらく）　秀吉が京都に建てた聚楽第のあとから出た土で塗った壁の仕上げのこと。聚楽が京壁の代名詞になっている。京壁とは、数寄屋や茶室に塗られる繊細な土壁仕上げのこと。

消石灰　石灰岩（石）を焼いたもの。焼かれた石灰石（生石灰）に水をかけること（消化）で、消石灰ができる。この消化の仕方に二通りあって、乾式消化は少ない水で粉末状の消石灰をつくり、湿式消化は水を多くもちいてクリーム状の消石灰をつくる。日本では、粉末状の消石灰が漆喰に使われた。

水簸（すいひ）　焼物等の陶土を水に流して、その粒度を篩（ふる）い分けること。水の中で、粒子の細かい粘土ほど沈降速度が遅く、上に積層したものほど細かくなる。左官も磨き等の高級な仕上げでは細かい粒子の粘土を篩い分けて使用する。

苆（すさ・つた）　関西ではスサといい、関東ではツタという。土や石灰といった材料に混ぜることで、水もちをよくしたり、収縮ヒビ割れを防ぐもの。土壁の藁苆、漆喰の麻苆がその代表。長さは微塵苆のような極小のものから荒壁に入れる藁苆のような4、5センチのものまである。

たたき（敲き）　三州たたき、深草たたきでしられる敲きは、セメントがない時代の土間や犬走りに施したもの。地域地域に敲きに適した土があって、その土に消石灰と苦汁を入れてたたき棒でかたくたたきしめた。消石灰の反応により水に流されない丈夫なものとなる。民家の土間のほか、溜め池や井戸のまわり、水路等にも行なった。

ちり水　左官の壁には真壁と大壁がある。柱、梁の間の真壁を塗り終わったあと、壁の塗りぎわの柱についた汚れをチリボウキで拭き取るが、そのときに使用するきれいな洗い水のこと。

土壁　世界的に見られる土俗的な壁。日本では木舞下地に塗られた泥壁のことをいう。下塗り、中塗り、仕上げ塗りと層を重ねて塗られたもの。ヨーロッパでは柳や木枝を木舞に泥を塗った。木舞のない日干し煉瓦を積んだ壁も土をたたきしめた版築壁も土壁といってよい。

土中塗り（つちなかぬり）　土壁は下塗り、中塗り、上塗りの三層でできている。木舞荒壁の上に塗るのが中塗りで、その中塗りで荒壁のむらを直し、仕上げの地づくりとなる。この中塗りの上に漆喰や聚楽などの仕上げが塗られた。

ツノマタ　日本の近海で採れる海草の一種。ツノマタを焚いた糊を左官は漆喰や京壁に混ぜて使う。三陸ものや北海道ものなど寒い海のものが左官用として好まれる。

ノロ　左官の塗り材には「ノロ」と「モルタル」がある。ノロは石灰やセメント単体を水に溶いたもの。これに顔料を混ぜて色ノロとする。モルタルは砂を混ぜたもので、石灰モルタルとかセメントモルタルという。ヨーロッパの漆喰は石灰モルタルで、日本の漆喰だけが海藻糊と麻苆と石灰を混ぜたモルタルである。

版築（はんちく）　型枠の中で土をたたきしめて形づくる工法を版築といった。中国から寺院建築とともに日本伝来。国分寺の建立とともに全国に広がった。土塀は、版築のほか、かたねりの泥をだんご状にして積みあげたものや日干し煉瓦を積んだものがある。

沸化（ふっか）　焼かれた石灰石（生石灰）に水を加えると消石灰になる。このときの化学反応を沸化という。生石灰が水と激しく反応し高熱を発するため、生石灰で消石灰クリームをつくるには水の中に生石灰を少しずつ入れていく。生石灰に水をかけると高熱を発し粉塵となるので危険である。業界では沸化を消化という。

磨き壁　磨き壁には、漆喰磨き、大津磨き、イタリア磨きとあるが、磨き壁とは壁の表面を鏝でかたく緊密に仕上げることで表面に光沢を与えたものである。壁面に光沢を与えるには、材料や鏝の操作等に高度な技術が必要。

あとがき

　1995 年から 2005 年まで、今はなき月刊誌『左官教室』の「塗り壁の考古学」と題した小林澄夫さんとの連載に、各地の左官技術を描かせていただいた。毎回小林さんから文章とページイメージのラフ、取材で撮影された写真を受け取り、それについての説明をうかがう。当時、美術短大を出て間もない私は、そのほとんどが知らないことばかりだった。消えてなくなりそうな技術や、なかにはすでにないものもあった。見せていただいた資料写真の風景を少し昔に戻し、作業する職人の姿、道具使い、風景の中の人々などを想像して絵にしていった。

　長い年月のうちに培われた左官技術のさまざまな素材と工夫の一端に出会い、毎回新鮮な感動を覚えた。ひとつひとつの技術や素材には、それを生む自然環境や気候風土、その土地の生活があることを、私は絵を描きながら知った。そしておおらかで豊かな左官の世界に魅了された。それは古いものというよりも、掘り起こされた新しいものを見せていただいている感覚であったように思う。私の中で左官への興味は深まっていった。やがて私は東京都の加藤信吾親方のもとで左官仕事を実際に学んだ。また現在、私は各地の左官材料を使ったアート作品の制作をしている。思えばその活動にもこの仕事は結びついている気がしている。

　私たちの生活を取り巻く環境は、気候にしても都市化や過疎の問題にしても、また家族や人間同士の関わり方もつねに変化している。そうした変化の中で、風景にしても材料にしてもおしなべて均質化してきたように思う。しかし左官仕事は各地の風土に根ざした、身の回りのものを上手く取り入れつくりあげられてきた。そこから生まれる世界は、この社会に今なお多様性をもたらしてくれる。古いものがいいというのではない。たとえ時代や気候が変化しても、左官はどんな状況でも、使えそ

うなものを見つけて、新しいものをつくりあげる。そのしなやかさを見ていると、人間、どんな状況でも生きていける。そう思えてくるのである。

　連載に絵を描かせていただいた小林澄夫さんに、改めてこの場をお借りして感謝申し上げます。また左官仕事を教えていただいた加藤信吾親方、そのほかにも現場で出会った多くの左官職人の皆様、大分の鏝絵写真家の藤田洋三さんなど、とてもとても多くの方にお世話になりました。すべての方のお名前を書ききれません。皆様にこころより感謝を申し上げます。単行本化するにあたっては農文協編集局に大変お世話になりました。お礼申し上げます。

　2018 年 7 月　　　　　　　　　　　　　　　　　　村尾かずこ

著者略歴

小林澄夫

1943年静岡県浜松市出身。1968年から2007年まで月刊『左官教室』
（黒潮社）を編集。2008年から2009年まで月刊『さかん』編集長。
著書に、『左官礼讃』『左官礼讃Ⅱ 泥と風景』いずれも石風社、『左官
読本1〜10号』風土社ほか

村尾かずこ

造形作家、二級左官技能士。1965年東京生まれ。武蔵野美術短大美
術科卒。同専攻科にてフレスコ画を学ぶ。『左官教室』連載「塗り壁
の考古学」イラストを1995年開始時から担当。著書に、絵本『どぞう』
SAƁU出版

絵でつづる
塗り壁が生まれた風景
──左官仕事のフォークロア──

2018年11月10日　第1刷発行

文　小林　澄夫

絵　村尾かずこ

発行所　一般社団法人　農 山 漁 村 文 化 協 会
〒 107-8668　東京都港区赤坂7丁目6－1
電話　03（3585）1142（営業）　　03（3585）1147（編集）
FAX　03（3585）3668　　　　振替　00120-3-144478
URL　http://www.ruralnet.or.jp/

ISBN978-4-540-18122-1　　DTP製作／（株）農文協プロダクション
〈検印廃止〉　　　　　　　印刷・製本／（株）東京印書館
© 小林澄夫・村尾かずこ 2018　　定価はカバーに表示
Printed in Japan
乱丁・落丁本はお取り替えいたします。

塗り壁はさまざまな素材からできている

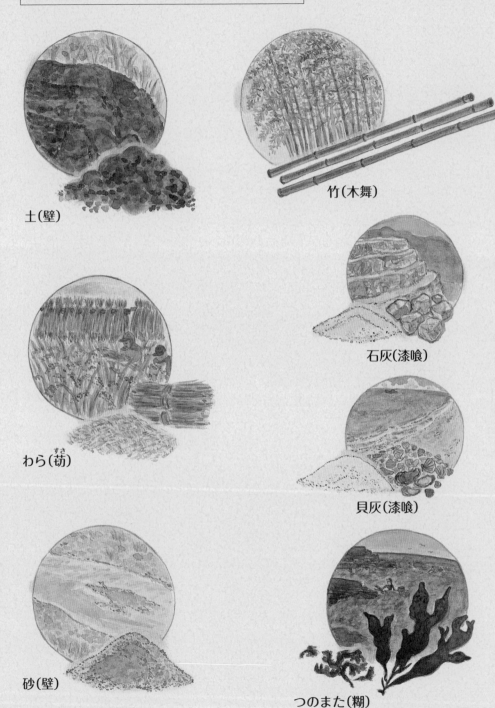